改訂版

保育士、幼稚園教諭を目指す人たちのための

音楽の基礎と表現

〜楽典とソルフェージュ〜

楠井 淳子 著

ふくろう出版

はじめに

　保育士や幼稚園教諭を目指す皆さんが、基礎から無理なく楽譜を読んだり、歌ったり、ピアノを弾いたりすることができるようにと、このテキストを作りました。

　楽譜を正確に読み、演奏するには、まず基本的な音楽のしくみ（楽典）を理解しなければなりません。そこで学んだことは、実際の楽譜を読み、歌い、そして弾くことを繰り返し行って再確認されることで、皆さんのより確かな音楽の基礎力となっていくことでしょう。その力が、豊かな音楽表現力へと繋がっていくことを願っています。

　自分の力で楽譜を読み、楽しく歌って弾いて、子ども達の生き生きとした音楽表現を育むことができる、そんな先生を目指しましょう。

　本書は 2015 年に大阪成蹊学園より発行された「音楽の基礎〜楽典とソルフェージュ〜（共著）」から筆者執筆分を一部改訂加筆し、改訂版として作成したものです。また、これに伴い書名を「音楽の基礎と表現〜楽典とソルフェージュ〜」に改めました。

本書の使い方

　このテキストは前半を楽典編、後半をソルフェージュ編として編集されています。前半の楽典編で学んだことを、後半のソルフェージュ編で声に出して読んだり、リズムを打ったり、歌ったり、弾いたりして相互に使用できるようになっています。「楽典」と「ソルフェージュ」ともに、互いに関連する箇所を表記していますので、「楽典」を理解することと、「ソルフェージュ」で実際の音楽として表現することを、繰り返し交互に行ってください。

　音楽を初歩から始められる方でも、保育や教育の現場で必要な基礎的な力を無理なく身に着けることができるように、心がけました。皆さんが子ども達と共に音楽を楽しみ、豊かに表現することができますように。

著者

目次

第1部　楽典編

第1章　譜表と音名
1. 五線と加線 …… 6
2. 音部記号と譜表 …… 6
3. 音名 …… 7
4. 変化記号 …… 8
5. 幹音と派生音 …… 9
6. 派生音の音名 …… 10
7. 変化記号の効力 …… 12
- 第1章のまとめの問題 …… 13

第2章　音符と休符
1. 音符、休符の種類と長さ …… 14
2. 付点音符、付点休符 …… 15
3. 複付点音符、複付点休符 …… 15
4. 連符 …… 16
5. タイ …… 16
- 第2章のまとめの問題 …… 17

第3章　リズムと拍子
1. リズム、拍、拍子 …… 18
2. 拍子の種類 …… 19
3. 拍子記号 …… 19
4. 小節と小節線 …… 22
5. 強起と弱起（アウフタクト） …… 22
6. シンコペーション …… 22
- 第3章のまとめの問題 …… 23

第4章　記号、用語
1. 奏法に関する記号 …… 24
2. 強弱記号 …… 24
3. 強弱に変化のあるもの …… 25
4. 速度記号 …… 25
5. 速度に変化のあるもの …… 25
6. その他の用語 …… 26
7. 発想を示す用語 …… 26
8. 反復記号 …… 26
9. オクターブ記号 …… 28
10. 省略記号 …… 28
- 第4章のまとめの問題 …… 29

第5章　音程
1. 音程 …… 30
2. 度数 …… 30
3. 単音程と複音程 …… 31
4. 種類 …… 31
5. 2つの幹音間の音程 …… 32
6. 派生音を含む音程 …… 35
- 第5章のまとめの問題 …… 36

第6章　音階と調
 1. 長音階 ……………………………………………………… 37
 2. いろいろな音を起点とする長音階 …………………… 38
 3. 短音階 ……………………………………………………… 43
 4. いろいろな音を起点とする短音階 …………………… 45
 5. 5度圏 ……………………………………………………… 47
 6. 近親調 ……………………………………………………… 48
 7. 移調と転調 ………………………………………………… 49
 8. 日本の音階 ………………………………………………… 50
 第6章のまとめの問題 ……………………………………… 53

第7章　和音とコードネーム
 1. 和音の種類 ………………………………………………… 55
  (1) 三和音 ………………………………………………… 55
  (2) 七の和音 …………………………………………… 60
  (3) その他の和音 ……………………………………… 61
 2. 和音記号 …………………………………………………… 62
 3. 和音の転回形 ……………………………………………… 64
 第7章のまとめの問題 ……………………………………… 67

第2部　ソルフェージュ編
第1章　読譜〜音の高さを読みましょう ………………… 70
第2章　リズム〜リズム打ちをしましょう
 ステップ1　基本リズム …………………………………… 74
 ステップ2　いろいろなリズム …………………………… 76
 ステップ3　いろいろな拍子 ……………………………… 77
 ステップ4　リズムアンサンブル ………………………… 78

第3章　視唱〜きれいに歌いましょう
 ステップ1　基本リズムと音程 …………………………… 79
 ステップ2　いろいろなリズム …………………………… 81
 ステップ3　表情豊かに歌いましょう …………………… 85

第4章　視奏〜コードで弾き歌いをしましょう
 ステップ1　単音伴奏 ……………………………………… 87
 ステップ2　メジャーコード（長三和音）……………… 91
 ステップ3　マイナーコード（短三和音）……………… 94
 ステップ4　セブンスコード（属七の和音）…………… 96
 ステップ5　転回形とカデンツ …………………………… 100
 ステップ6　いろいろな伴奏形と変奏 …………………… 104

解答編
 練習問題の解答 ……………………………………………… 108
 まとめの問題の解答 ………………………………………… 110

コード表 …………………………………………………………… 118

曲名索引 …………………………………………………………… 121

第1部　楽典編

音楽の仕組みを学びましょう

第1章　譜表と音名

1. 五線と加線

《五線》

音の相対的な高さを示す為に、基本的には**五線**を用います。
五線の線と間には右の名称が付いています。

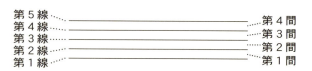

《加線》

五線内に示すことができない音は、短い線を五線の上や下に加えて示します。

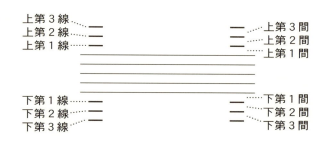

練習問題

1. 次に示す音が第何線か第何間か答えましょう。

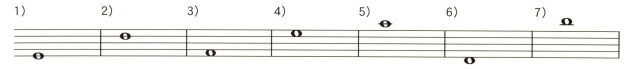

2. 指示された箇所に音符を書きましょう。

第3線　　第2間　　第5線　　上第1線　　下第1間　　上第2線　　下第2間

解答はp.108

2. 音部記号と譜表

五線だけでは実際にその音がどの高さの音かを示すことができません。
そこで、基準となる音を指示する記号を**音部記号**といいます。
音部記号が五線に記されたものを**譜表**といいます。それぞれ次の3種類があります。

♪ト音記号を書きましょう。　　　　　　　　　♪ヘ音記号を書きましょう。

《大譜表》(great staff)

ト音譜表とヘ音譜表をカッコで結んだものを**大譜表**といい、ピアノやハープなどの音域の広い楽器の記譜に使われます。

3. 音名

音の呼び方、読み方を音名といいます。国によって呼び方が異なります。

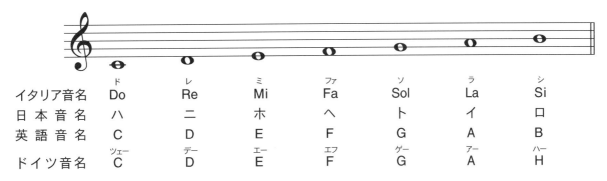

	ド	レ	ミ	ファ	ソ	ラ	シ
イタリア音名	Do	Re	Mi	Fa	Sol	La	Si
日本音名	ハ	ニ	ホ	ヘ	ト	イ	ロ
英語音名	C	D	E	F	G	A	B
ドイツ音名	C (ツェー)	D (デー)	E (エー)	F (エフ)	G (ゲー)	A (アー)	H (ハー)

日本音名は学校教育の場と、「ハ長調」「ト音記号」などの調名や音部記号を表す時に使われています。
英語音名は主にジャズやポピュラー音楽、コードネーム表示などで広く使われ、ドイツ音名は専門的な音楽（クラシック音楽）教育でよく使われています。

五線の音符と鍵盤の位置

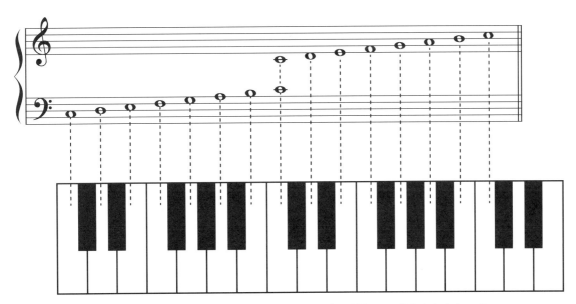

♪上の鍵盤図にドの位置を赤く塗りましょう。英語音名を鍵盤図に書き入れましょう。

𝄞 ソルフェージュ編 p.70-71 の読譜練習をしましょう。

4. 変化記号

音の高さを変化させる記号を**変化記号**といいます。

♯(シャープ)は音を半音高くする記号です。　　♭(フラット)は音を半音低くする記号です。

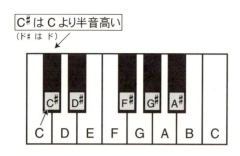
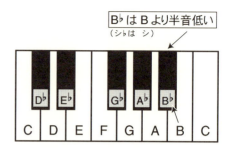

白鍵のすぐ右隣の黒鍵の音がシャープとなり、同じく左隣の音がフラットとなります。
黒鍵の無い箇所（EとF、BとC）がありますが、その箇所は白鍵どうしが半音の関係となります。
ミとファ　シとド

♮(ナチュラル)は、シャープやフラットで変化した音をもとの高さに戻す記号です。

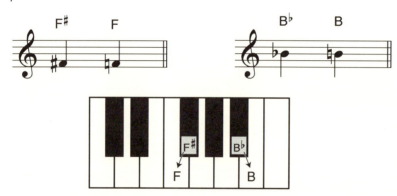

シャープとフラットは調号と臨時記号に使われ、ナチュラルは臨時記号で使われます。

練習問題

1. 五線の線と間の箇所にシャープを書きましょう。

2. 五線の線と間の箇所にフラットを書きましょう。

3. 五線の線と間の箇所にナチュラルを書きましょう。

4. 各音の左横にシャープを書きましょう。　　　5. 各音の左横にフラットを書きましょう。

6. 各音の左横にナチュラルを書きましょう。

𝄪 (ダブルシャープ)は音を半音二つ分(全音)高くする記号です。
♭♭ (ダブルフラット)は音を半音二つ分(全音)低くする記号です。

半音とは隣り合う音の関係のことです。白鍵と黒鍵や、黒鍵をはさまず隣り合った白鍵どうしを半音といいます。
全音とは半音＋半音の関係のことです。

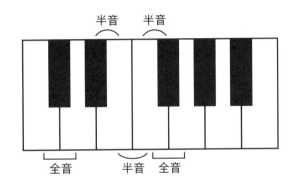

5. 幹音と派生音

♯や♭などの変化記号が付かない音を**幹音**といいます。
♯、♭、𝄪、♭♭、などの変化記号が付けられた音を**派生音**といいます。

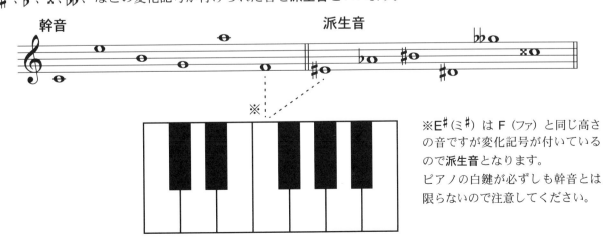

※E♯(ミ♯)はF(ファ)と同じ高さの音ですが変化記号が付いているので**派生音**となります。
ピアノの白鍵が必ずしも幹音とは限らないので注意してください。

6. 派生音の音名

《♯のついた音名》

♪空欄（　）に音名を書きましょう。

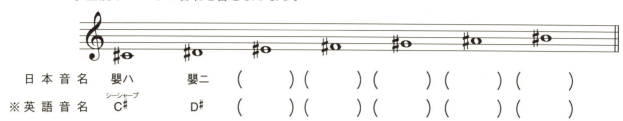

日本音名	嬰ハ	嬰ニ	(　)	(　)	(　)	(　)	(　)
※英語音名	C♯ (シーシャープ)	D♯	(　)	(　)	(　)	(　)	(　)

♪解答：嬰ホ　嬰ヘ　嬰ト　嬰イ　嬰ロ
　　　　 E♯　　F♯　　G♯　　A♯　　B♯

《♭のついた音名》

♪空欄（　）に音名を書きましょう。

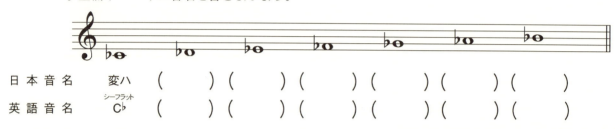

日本音名	変ハ	(　)	(　)	(　)	(　)	(　)	(　)
英語音名	C♭ (シーフラット)	(　)	(　)	(　)	(　)	(　)	(　)

♪解答：変ニ　変ホ　変ヘ　変ト　変イ　変ロ
　　　　 D♭　　E♭　　F♭　　G♭　　A♭　　B♭

※本来、派生音の英語音名は、C sharp, D flat のように表記しますが、本書では C♯、D♭ のように♯や♭を付けて表記しています。また、イタリア音名は、Do diesis（ド ディエジス）、Re bemolle（レ ベモレ）、ドイツ音名は Cis（ツィス）、Des（デス）などと呼ばれます。

《𝄪のついた音名》

日本音名	重嬰ハ	重嬰ニ	重嬰ホ	重嬰ヘ	重嬰ト	重嬰イ	重嬰ロ
英語音名	C𝄪 (シーダブルシャープ)	D𝄪	E𝄪	F𝄪	G𝄪	A𝄪	B𝄪

《♭♭のついた音名》

日本音名	重変ハ	重変ニ	重変ホ	重変ヘ	重変ト	重変イ	重変ロ
英語音名	C♭♭ (シーダブルフラット)	D♭♭	E♭♭	F♭♭	G♭♭	A♭♭	B♭♭

♪それぞれの変化した音はどこを弾けばよいのでしょうか。音符と鍵盤図を線で結びましょう。

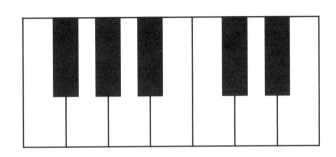

♪次に示す音の日本音名と英語音名を書きましょう。
♪五線の音と鍵盤図を線で結びましょう。

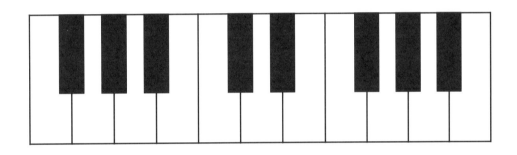

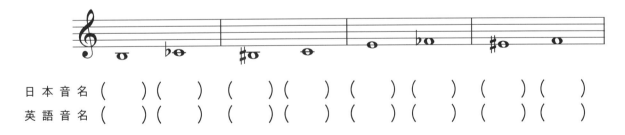

日本音名（　）（　）（　）（　）（　）（　）（　）（　）
英語音名（　）（　）（　）（　）（　）（　）（　）（　）

このように違う音名ですが、実際には同じ高さの音を**異名同音**といいます。

♪解答：ロ　変ハ　嬰ロ　ハ　ホ　変ヘ　嬰ホ　ヘ
　　　　B　C♭　B♯　C　E　F♭　E♯　F

7. 変化記号の効力

変化記号は**調号**や**臨時記号**として用いられます。

《調号》

音部記号の右横に書かれた♯や♭は調号と呼ばれます。調号は曲の途中で変更されない限り、同じ音名の音を♯や♭に変化させます。
下の楽譜ではすべてのシとミの音にフラットがつきます。

《臨時記号》

調号以外につけられる♯や♭、♮などの変化記号は臨時記号と呼ばれます。
臨時記号は、同じ小節内の同じ高さの音に対してのみ有効です。
タイ（p.16参照）でつながれた音は小節線を越えても臨時記号が有効です。

第1章のまとめの問題

〔1〕次の音の日本音名と英語音名を書きましょう。

日本音名（　）（　）（　）（　）（　）（　）（　）（　）
英語音名（　）（　）（　）（　）（　）（　）（　）（　）

〔2〕次に示された音名の音を  の範囲で書きましょう。

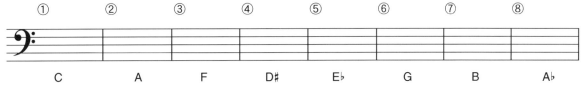

〔3〕次に示された英語音名の音を  の範囲で書きましょう。

〔4〕次に示された音の1オクターブ高い音を書きましょう。

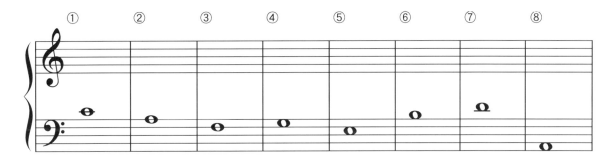

〔5〕次の鍵盤の番号の音を五線に書きましょう。

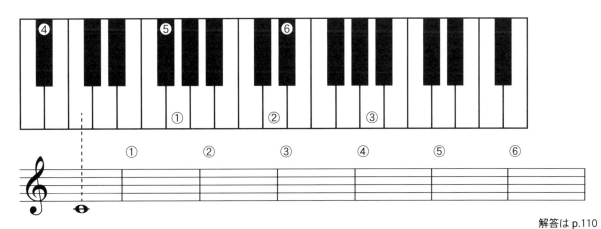

解答は p.110

第2章 音符と休符

音の**長さ**を表す記号を**音符**といいます。
音の**出ていない**(**休止している**)長さを表す記号を**休符**といいます。

1. 音符、休符の種類と長さ

音符や休符はその長さによって、名称が変わります。
(注)長さは絶対的な時間を表すものではなく、相対的な長さの比率を表しています。

形	名前	音の長さの割合(♩を1拍とした場合)					形	名前
o	全音符	4					━	全休符
♩	2分音符	2					━	2分休符
♩	4分音符	1					𝄽	4分休符
♪	8分音符	1/2					𝄾	8分休符
♬	16分音符	1/4					𝄿	16分休符

※全休符は全音符と同じ長さを表す休符ですが1小節全部の休符にも使われます。

《音符の部分の名称》

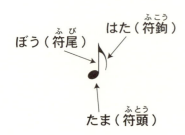

8分音符や16分音符など、符尾のある音符を続けて書くときは**桁(連桁)**という横棒を使います。

《音符と休符の分割》

元になる音符と休符は、全音符、全休符で、基本的にそれらを2分割していきます。

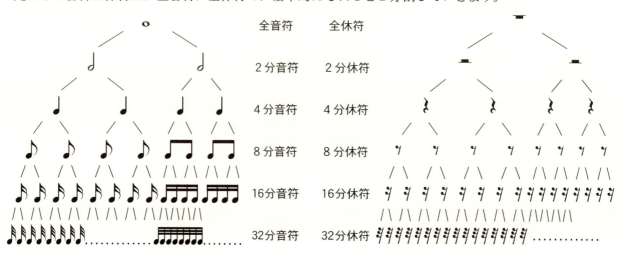

𝄞 ソルフェージュ編 p.74 のリズム打ちをしましょう。

2. 付点音符、付点休符

音符や休符の右肩に１つの点を付けたものを**付点音符、付点休符**といいます。
点を**付点**といいます。

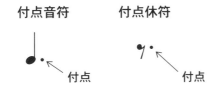

付点は基になっている音符や休符の 1/2 の長さに当たり
付点音(休)符の長さは、
基になっている音(休)符の長さ＋1/2 になります。

付点音符、付点休符の長さ

付点音符		長さ	付点休符		長さ
付点全音符	o.	o + ♩	付点全休符	▬·	▬ + ▬
付点2分音符	♩.	♩ + ♩	付点2分休符	▬·	▬ + 𝄽
付点4分音符	♩.	♩ + ♪	付点4分休符	𝄽·	𝄽 + 𝄾
付点8分音符	♪.	♪ + ♬	付点8分休符	𝄾·	𝄾 + 𝄿
付点16分音符	♬.	♬ + ♬	付点16分休符	𝄿·	𝄿 + 𝅀

　𝄞ソルフェージュ編 p.81 の課題１（付点４分音符＋８分音符）、p.83 の課題４（スキップリズム）を歌いましょう。
　また、p.75 のリズム打ちをしましょう。

3. 複付点音符、複付点休符

２つの付点を持つ音符と休符を**複付点音符、複付点休符**といいます。
１つめの点の長さは付点音(休)符の点と同じで、
２つめの点の長さは１つめの点の長さの 1/2 を表します。
複付点音(休)符の長さは、**基になっている音(休)符の長さ＋1/2＋1/4** になります。

複付点音符、複付点休符の長さ

複付点音符		長さ	複付点休符		長さ
複付点全音符	o‥	o + ♩ + ♩	複付点全休符	▬‥	▬ + ▬ + 𝄽
複付点2分音符	♩‥	♩ + ♩ + ♪	複付点2分休符	▬‥	▬ + 𝄽 + 𝄾
複付点4分音符	♩‥	♩ + ♪ + ♬	複付点4分休符	𝄽‥	𝄽 + 𝄾 + 𝄿

4. 連符

単純音符は通常 2、4、8、16…に分割されます。
それ以外に、単純音符を 3、5、7、9、10…に分割したり、付点音符を 2、4、5、7、8…に分割する場合があります。
通常の分割とは異なる数に等分された音符のまとまりを**連符**といいます。
連符を分割した数によって、2連符、3連符、5連符などと呼ばれ、このような連符は音符に ┌─3─┐ のような記号を添えて表します。

単純音符の場合

付点音符の場合

🎼 ソルフェージュ編 p.84 の課題5（3連符のリズム）を歌いましょう。
　　p.75、77 のリズム打ちをしましょう。

5. タイ

同じ高さの二つ以上の音符を切れ目なくつなげる場合、**タイ**という記号を用います。
音符どうしを ‿ または ⌒ で結びます。

練習問題

1. 4分音符を1拍とすると、次の音符や休符は何拍ですか。(　)に数字（小数または分数を含む）を書きましょう。

1) 𝅝　2) ♩.　3) 𝄽　4) ♪　5) 𝄾　6) ♩.　7) 𝄼　8) ♪.
(　　)(　　)(　　)(　　)(　　)(　　)(　　)(　　)

2. 次のリズム譜を桁（連桁）を用いて書き直しなさい。

解答は p.108

第 2 章のまとめの問題

〔1〕次に示す音符の長さを棒グラフで書き表しましょう。(4分の4拍子の時)

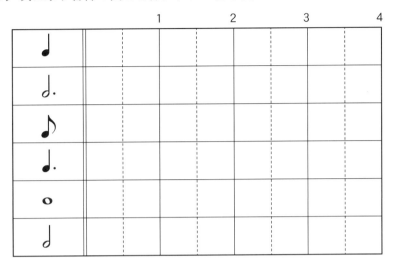

〔2〕
(1) ( ) に音符の名前を書きましょう。

(2) 上の音符と同じ長さの休符を下の五線に書きましょう。

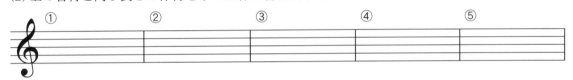

〔3〕次の音符の組み合わせと同じ長さの1つの音符を書きましょう。

〔4〕次に示す音符や休符の上の〔　　〕に、その名前を書きましょう。
　　また、下の（　）には、その長さを数字（小数や分数を含む）で書きましょう。
　　　　　　　　　　　　　　　　　　　（4分音符を1拍とする時）

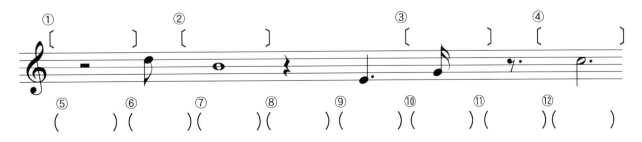

解答は p.111

第3章　リズムと拍子

1. リズム、拍、拍子

《リズムとは》

時間の区切りを感じさせることができる事象です。

例えば、波が寄せたり返したりする時、強い風が音を立てて吹いている時、水滴がポタポタと落ちる時、過ぎ去っていく時間の区切りを感じられることができます。サイレンの音がビーッと持続して鳴っている場合は、時間の区切りを感じることができないため、それはリズムといえません。一方同じような音でも、ビー、ビー、ビーと区分されて鳴っていれば、それはリズムといえます。

♪その他に、どのようなリズムがあるか考えてみましょう。

《拍とは》

規則正しく時間が刻まれた状態のことです。

それには実際の音が刻まれる場合もありますし、全く音が鳴っていなくても規則正しい時間の刻みを感じることができる状態も同様です。

♪両手で拍を打ちましょう。「ゆっくり－中くらい－速く」と様々な速さを意識して打ちましょう。

《拍子とは》

連続する拍に何らかの強弱関係が生まれ、一定の周期的なまとまりを感じることができる時、このまとまりを拍子といいます。

```
        強  弱  強  弱
        ⬤  ○  ⬤  ○ ⟶ 2拍子といいます

        強  弱  弱  強  弱  弱
        ⬤  ○  ○  ⬤  ○  ○ ⟶ 3拍子といいます

        強  弱  中強 弱  強  弱  中強 弱
        ⬤  ○  ◯  ○  ⬤  ○  ◯  ○ ⟶ 4拍子といいます
```

♪2拍子、3拍子、4拍子を打ってみましょう。

2. 拍子の種類

拍子には次のような種類があります。

単純拍子　2拍子、3拍子、4拍子…基準となる拍は2分割されます
複合拍子　6拍子、9拍子、12拍子…大きく捉えた基準拍は3分割されます
混合拍子　5拍子、7拍子など…2つ以上の単純拍子が組み合わさったもの

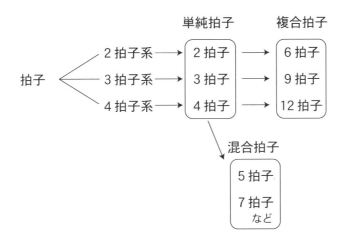

3. 拍子記号

拍子記号は次のことを表します。

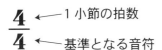

← 1小節の拍数
← 基準となる音符

♪（　）に数字を書きましょう

4分音符が1小節に2つ入る　　（　）分音符が1小節に（　）つ入る　　（　）分音符が1小節に（　）つ入る

一般的によく使われる拍子記号

🎼ソルフェージュ編 p.77 のいろいろな拍子の課題を、リズム打ちしましょう。

♪ 2拍子、3拍子、4拍子の曲を拍打ちや、指揮をしながら歌ってみましょう。拍子をよく感じて！

ロンドンばし　高田三九三 訳詞／イギリス民謡

うみ　文部省唱歌／林　柳波 作詞／井上武士 作曲

きらきら星　武鹿悦子 作詞／フランス民謡

> 複合拍子

♩. や ♪. などの付点音符が、大きく捉えた基準拍となります。

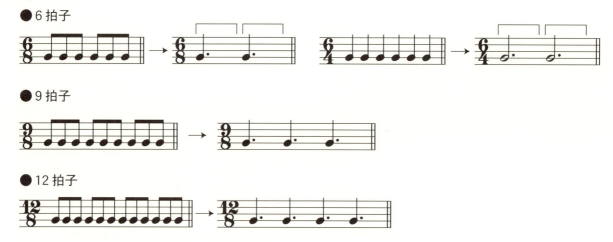

♪ 複合拍子を感じて歌いましょう。

思い出のアルバム　増子とし 作詞／本多鉄麿 作曲

8分の6拍子は8分音符が1小節に6つ入る6拍子です。ですが、通常8分音符3つを一まとまりの大きな1拍（付点4分音符）とした基準拍が、1小節に2つ分入る2拍子ととらえます。

♪ ①と②のところで拍を打ちながら、「思い出のアルバム」を歌ってみましょう。

8分の9拍子や8分の12拍子も同じように考えます。
このように6拍子、9拍子、12拍子は付点音符（3つグループ）を基準拍とした、
2拍子系、3拍子系、4拍子系の拍子といえるのです。このような拍子を**複合拍子**といいます。

これらの拍子は通常は2拍子、3拍子、4拍子と同じ形で指揮をしますが、曲のテンポがとても遅い場合は、6、9、12、に分割して指揮することもあります。

♪「思い出のアルバム」を2拍子の指揮をしながら歌いましょう。

𝄞 ソルフェージュ編 p.77 の複合拍子の課題をリズム打ちしましょう。
　ソルフェージュ編 p.82 の8分の6拍子の課題を歌いましょう。

混合拍子

2つ以上の単純拍子が組み合わさった拍子を**混合拍子**といいます。

5拍子は2拍子と3拍子が組み合わさったものです。

● 5拍子

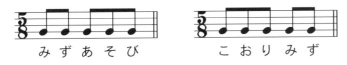

7拍子は3拍子と4拍子が組み合わさったものです。

● 7拍子

♪ 好きなことばを組み合わせて、5拍子や7拍子を作ってみましょう。

4. 小節と小節線

5. 強起と弱起（アウフタクト）

第1拍目から曲が始まる場合を**強起**といい、1拍目以外から始まる場合を**弱起（アウフタクト）**といいます。

大きな栗の木の下で　作詞者不詳／イギリス民謡

大きな古時計　保富康午 訳詞／ワーク 作曲

6. シンコペーション

タイや休符などのリズムの変化によって、拍子の強拍と弱拍の関係が変化した状態を**シンコペーション**といいます。

下の楽譜の※の箇所がシンコペーションです。他の箇所にも印をつけましょう。

♪拍を打ちながら歌いましょう。→次に左手で拍を、右手で歌のリズムを打ちながら歌いましょう。

ピクニック　萩原英一 日本語詞／イギリス民謡

南の島のハメハメハ大王　伊藤アキラ 作詞／森田公一 作曲

となりのトトロ　宮崎 駿 作詞／久石 譲 作曲

𝄞ソルフェージュ編 p.82 課題2（シンコペーション）も歌いましょう。

© 1988 by Studio Ghibli

第3章のまとめの問題

〔1〕拍子記号に注意して、小節線（縦線）と終止線を書きましょう。

①

②

③

〔2〕次の曲は何分の何拍子ですか。拍子記号を書きましょう。

①

②

〔3〕次の各拍子の音符の上に 強○ 中強○ 弱○ のそれぞれの拍の印をつけましょう。

① 　　②

③ 　　④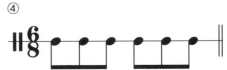

解答は p.112

第4章　記号、用語

1. 奏法に関する記号

記号	読み方	意味
♩ ♪ (スタッカート)	スタッカート	その音を短く切る
♩ ♪ (スタッカティッシモ)	スタッカティッシモ	スタッカートより短く切る
♩ ♪ (メゾ・スタッカート)	メゾ・スタッカート	スタッカートよりやわらかく切る
♩ ♪ (テヌート)	テヌート	その音の長さを十分に保って
♩ ♪ ♪ (アクセント)	アクセント	その音を特に強く
𝄐 𝄐	フェルマータ	その音符や休符を程よく伸ばす
(タイ)	タイ	同じ高さの音をつなぐ
(スラー)	スラー	高さの違う音をなめらかに演奏する
V	ブレス	息つぎ

2. 強弱記号

記号	読み方	意味
ppp	ピアノ・ピアニッシモ ピアニッシシモ	*pp* よりさらに弱く
pp	ピアニッシモ	とても弱く
p	ピアノ	弱く
mp	メゾ・ピアノ	やや弱く
mf	メゾ・フォルテ	やや強く
f	フォルテ	強く
ff	フォルティッシモ	とても強く
fff	フォルテ・フォルティッシモ フォルティッシシモ	*ff* よりさらに強く

p や *f* の数が多くなると、弱さや強さの程度が大きくなります。

3. 強弱に変化のあるもの

記号	読み方	意 味
cresc. ＜	クレッシェンド	だんだん強く
dim. ＞	ディミヌエンド	だんだん弱く
decresc.	デクレッシェンド	
sf *sfz*	スフォルツァンド	(その音を)特に強く
fz	フォルツァンド	
fp	フォルテ・ピアノ	強く直ちに弱く

4. 速度記号

記号	読み方	意 味
Largo	ラルゴ	幅広くゆったりと
Lento	レント	遅く
Adagio	アダージョ	ゆるやかに
Andante	アンダンテ	ゆっくり歩くような速さで
Andantino	アンダンティーノ	アンダンテよりやや速く
Moderato	モデラート	中くらいの速さで
Allegretto	アレグレット	やや速く
Allegro	アレグロ	速く
Vivace	ヴィヴァーチェ	快活に速く
Presto	プレスト	急速に
♩=80		1分間に80打つ速さ

5. 速度に変化のあるもの

記号	読み方	意 味
rit. (*ritardando*)	リタルダンド	だんだん遅く
rall. (*rallentando*)	ラレンタンド	だんだん緩やかに
a tempo	ア・テンポ	もとの速さで
accel. (*accelerando*)	アッチェレランド	だんだん速く
tempo primo (Tempo I)	テンポ・プリモ	最初の速さで
più mosso	ピウ・モッソ	今までより速く
meno mosso	メーノ・モッソ	今までより遅く

6. その他の用語…強弱記号、速度記号、発想記号などと一緒に使われる用語です

用語	読み方	意味
con	コン	～といっしょに
molto	モルト	とても
poco	ポコ	少し
poco a poco	ポコ・ア・ポコ	少しずつ
sempre	センプレ	常に
meno	メーノ	より少なく
più	ピウ	よりいっそう
subito	スービト	急に

7. 発想を示す用語

用語	読み方	意味
amabile	アマービレ	愛らしく
cantabile	カンタービレ	歌うように
con brio	コン・ブリオ	生き生きと
dolce	ドルチェ	甘くやさしく
espressivo	エスプレッシーヴォ	表情豊かに
grazioso	グラツィオーソ	優雅に
leggiero	レッジェーロ	軽く
maestoso	マエストーソ	荘厳に
scherzando	スケルツァンド	戯れるように
tranquillo	トランクィッロ	静かに

8. 反復記号

記号	読み方	意味
‖: :‖	リピート	繰り返す
1.｜2. ：‖	1番かっこ、2番かっこ	1回目は1番かっこ、2回目は2番かっこを演奏する
D.C.	ダ・カーポ	始めに戻る
Fine	フィーネ	終わり
D.S.	ダル・セーニョ	セーニョへ戻る
𝄋	セーニョ	
𝄌	コーダマーク	コーダへ進む
𝄌 Coda	コーダ	

楽譜の演奏順

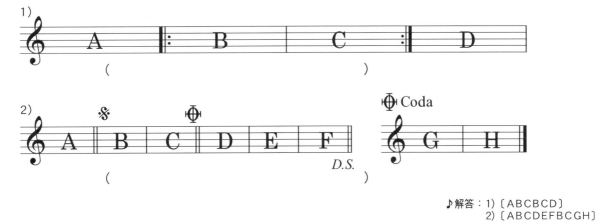

♪解答：1)〔ABCBCD〕
2)〔ABCDEFBCGH〕

🎼 ソルフェージュ編 p.85-86 の各曲を記号や用語に気をつけて歌いましょう。

9. オクターブ記号

加線の多い楽譜を読みやすくするために、次のような記号が使われます。

● 1 オクターブ高く演奏する記号（オッターヴァ　アルタ）

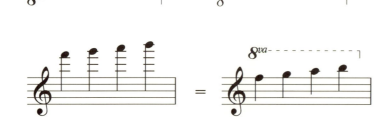

● 1 オクターブ低く演奏する記号（オッターヴァ　バッサ）

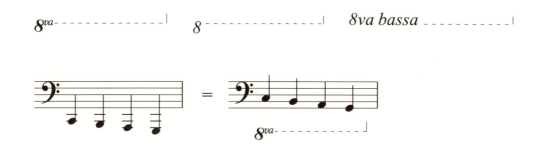

10. 省略記号

同じ音形を繰り返す時に、次のような記号が使われます。

1 小節未満の音形を繰り返す

1 小節全てを繰り返す

2 小節単位で繰り返す

第4章のまとめの問題

〔1〕次の表の空欄に当てはまる記号や読み方、意味を書きましょう。

記号	読み方	意　味
♩˙		
♩‾		
♩> ♩^		その音を特に強く
♩⁀ ♩⁀	フェルマータ	
(タイ)		同じ高さの音をつなぐ
(スラー)		高さの違う音をなめらかに演奏する

記号・用語	読み方	意　味
Adagio	アダージョ	
Andante	アンダンテ	
Moderato	モデラート	
Allegretto	アレグレット	
Allegro	アレグロ	
rit.		
a tempo	ア・テンポ	
accel.	アッチェレランド	
poco a poco	ポコ・ア・ポコ	
sempre	センプレ	
amabile		愛らしく
dolce		
leggiero	レッジェーロ	

強弱記号

記号	読み方	意　味
	ピアニッシモ	
p		
		やや弱く
mf		
		強く
	フォルティッシモ	

記号	読み方	意　味
cresc. ＜		
dim. ＞	ディミヌエンド	
sf *sfz*	スフォルツァンド	

記号	読み方	意　味
‖: :‖	リピート	
D.C.		
Fine		
D.S.	ダル・セーニョ	
𝄋		

〔2〕次の楽譜の演奏順を記号で答えましょう。

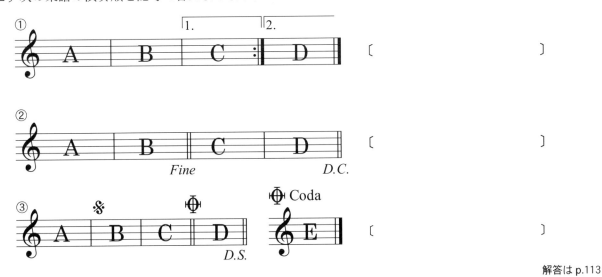

第5章　音程

1. 音程

音程とは2つの音の高さのへだたりのことです。

完全、長、短などの種類を表すことばに度数に表すことばを組み合わせて表示します。

長　3度
（種類を表す）（度数を表す）

2. 度数

2つの音の**幹音**同士がそれぞれの音を含めて何個の幹音にまたがっているかを数字で表します。
幹音が同じ高さの音（ドとドなど）を1度と数え、幹音が1つ増えるごとに、2度、3度…と数字が増えていきます。

♪復習：p.9を調べて（　）にことばを入れましょう。

「幹音」とは（　　　　　　　　　）
が付かない音のことです。

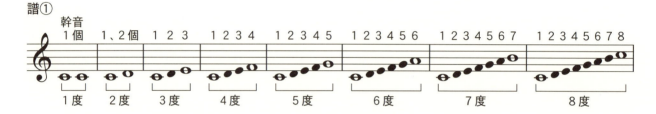

● 度数の数え方は、それらの音に変化記号が付いても変わりません。

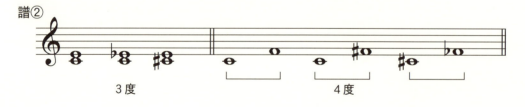

練習問題

次の音程の度数を答えましょう。

🎵 音程を意識して、ソルフェージュ編 p.79-81 ステップ1の各課題を歌いましょう。

解答は p.108

3. 単音程と複音程

オクターブ（完全8度）までの音程を**単音程**といいます。
オクターブを超える音程を**複音程**といい、オクターブと何度（単音程）という表し方をします。
12度くらいまでは、9度、10度〜などの表し方をする場合もあります。

4. 種類

度数の呼び名が同じでも、譜②のように　C－E、C－E♭とではへだたりの違いがあります。
より正確な音程を示すために、度数の前に　**完全、長、短、増、減、重増、重減**　という語を付けて表します。

音程は度数によって2つの系列に分かれます。
●完全系の音程・・・1度、4度、5度、8度
完全系の音程は「**完全**」を標準の状態として、それより半音広くなると「**増**」、さらに半音広がると
「**重増**」、反対に半音狭くなると「**減**」、さらにもう半音狭くなると「**重減**」になります。
これら完全系の音程は、「長」「短」の語が使われることは絶対にありません。

●長短系の音程・・・2度、3度、6度、7度
長短系の音程は「**長**」と「**短**」の2種類を標準の状態とし、「長」より半音広くなると「**増**」、さらに半音広がると
「**重増**」になり、「短」より半音狭くなると「**減**」、さらにもう半音狭くなると「**重減**」になります。
これら長短系の音程は、「完全」の語が使われることは絶対にありません。

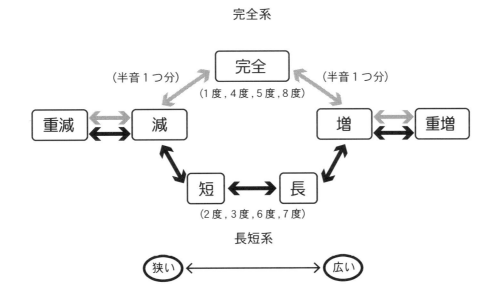

5. 2つの幹音間の音程

鍵盤の図を見ると、白鍵と黒鍵が規則正しく並んでいますが、☆印の箇所は白鍵と白鍵の間に黒鍵がありません。☆印の箇所（ミとファ、シとド）は、半音の関係になっています。

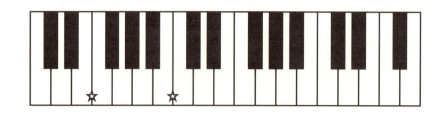

♪他の半音の箇所にも☆をつけましょう。

☆の箇所は間に黒鍵が無いので、2つの音のへだたり（距離）は黒鍵のある箇所より狭い（短い）といえます。
それでは次に各幹音間の音程の種類を述べます。

●完全系の音程‥‥1度、4度、5度、8度

1度‥‥すべて**完全1度**です。

4度と5度‥‥「ファ−シ」の**増4度**(半音☆を含まない)と、「シ−ファ」の**減5度**(半音☆を2つ含む)以外は**完全4度と完全5度**です。

8度‥‥すべて**完全8度**です。

> このように完全系の2つの幹音の音程は「ファーシ」の増4度と「シーファ」の減5度以外は、すべて**完全**です。

練習問題

1. 次の完全系の音程を答えましょう。

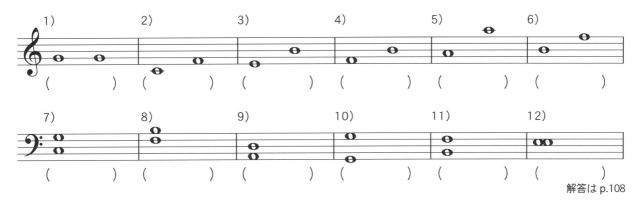

●長短系の音程‥‥2度、3度、6度、7度

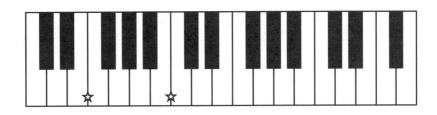

♪他の半音の箇所にも☆をつけましょう。

2度と3度‥‥**長**(半音☆を含まない)と**短**(半音☆を1つ含む)の2種類があります。

練習問題

2. 次の2度と3度の音程を答えましょう。

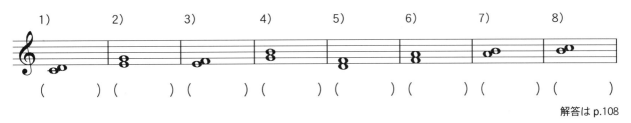

6度と7度‥‥長(半音☆を1つ含む)と短(半音☆を2つ含む)の2種類があります。

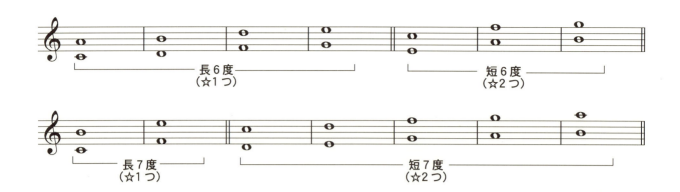

練習問題

3. 次の6度と7度の音程を答えましょう。

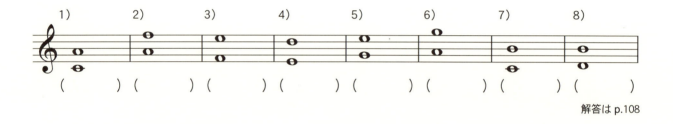

解答は p.108

このように長短系の幹音間の音程は含まれる半音（☆）の数が少なければ**長**、多ければ**短**となります。

練習問題

4. 次の各音程を答えましょう。

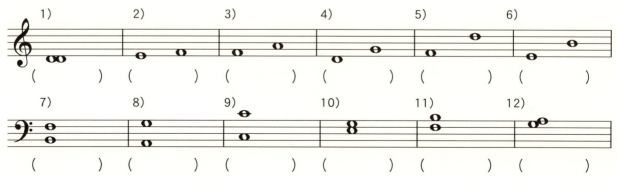

解答は p.108

6. 派生音を含む音程

♪復習：派生音とは♯や♭などの（　　　　）が付いた音のことです。

調号や臨時記号によって1つの音、あるいは両方が派生音になっている場合の音程は、次のように考えます。

①まず変化記号を取って、幹音間の音程を調べます。
②次に変化記号によって、幹音間の音程がどのように変化したか調べます。
③半音何個分広がったのか、狭まったのか以下の図をもとにして、答えを出します。

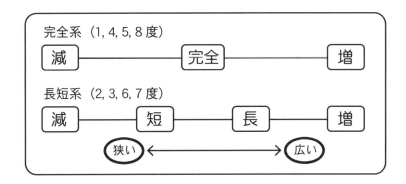

♪復習：p.9を調べて（ ）にことばを入れましょう。
「幹音」とは（　　　　　　　　　）が付かない音のことです。

♪例題：次の音程を答えましょう。

1)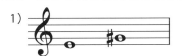

①♯を取った、幹音間（ミとソ）の音程‥‥短3度
②ソが♯によって半音高められているので、幹音間より半音広い
③短3度より半音広い‥‥長3度

答：長3度

2)

①幹音間（ドとファ）の音程‥‥完全4度
②下の音（ド）が♯によって半音高められているため、幹音間の音程より半音狭い
③図1により、完全4度より半音狭い‥‥減4度

答：減4度

練習問題

5. 次の各音程を答えましょう。1)から5)は完全系、6)から10)は長短系の音程です。

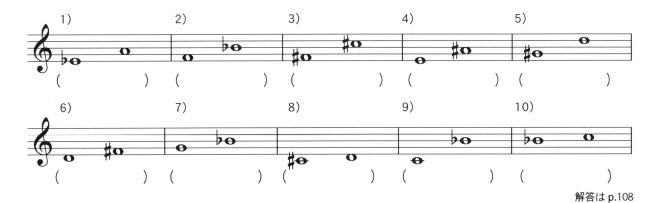

解答はp.108

第5章のまとめの問題

〔1〕次の音程を答えましょう。

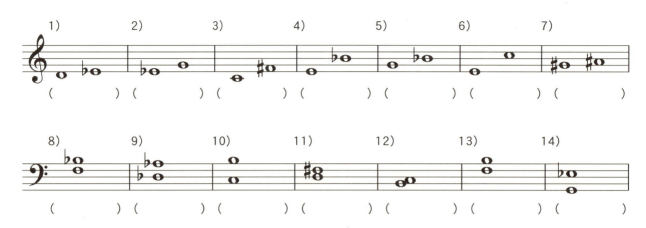

〔2〕次に示された2つの音が、指示された音程になるように（　）に変化記号を書きましょう。

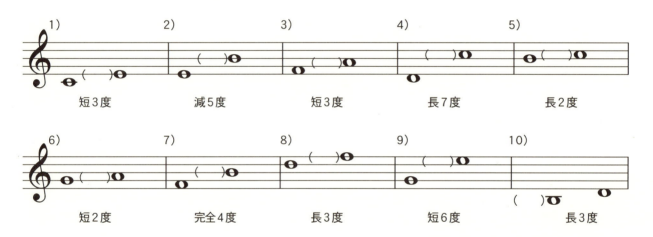

〔3〕次に示された音の上に、指示された音程の音を書きましょう。

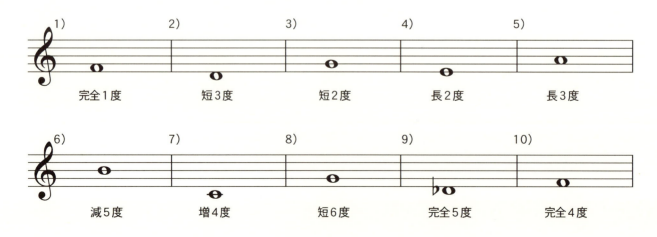

解答は p.114

第6章　音階と調

音階

音楽に使われる音を、ある音を始まりとして高さの順に1オクターブ上の音まで並べたものを**音階**といいます。

音階には各種民族的なものも含めて様々な種類がありますが、ここではまず最も多く使われる、**長音階**と**短音階**を中心に述べます。

1. 長音階

長音階は次のような音程関係によって、並べられている音階です。

C（ド）を起点とした長音階‥‥幹音（♯、♭が付かない音）だけでできています。基本調といいます。

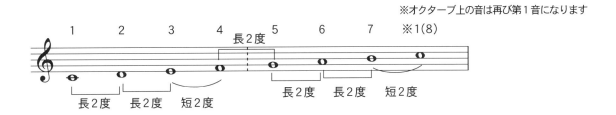

この音階を**ハ調長音階**と呼び、それでできた調を**ハ長調**と呼びます。
音符の上に示された数字は、それぞれの音が音階の何番目の音かを示し、第1音、第2音、第3音‥‥と呼ばれます。
この音階の各音を前半〔1.2.3.4.〕と後半〔5.6.7.1(8)〕の2つに分けると、それぞれの音程関係は同じです。
前半と後半は第4音と第5音の長2度の音程を境にして、同じ組み合わせ（長2度、長2度、短2度）が2つ並んでいるのです。
この4つの音の並び（長2度、長2度、短2度）を**テトラコルド**と呼びます。(注)

♪ハ長調の音階（ハ音長音階）をト音譜表とヘ音譜表に書きましょう。音程関係も確かめましょう。

(注) 参考文献：青島広志(2009)『究極の楽典―最高の知識を得るために』全音楽譜出版社 p.103

音階の構成音の名前と働き

音階の1番目の音(第1音)→**主音**……音階の起点(土台)となる、最も重要な音。

4番目の音(第4音)→**下属音**……主音の完全5度下の音。主音と属音を補助する働きの音。

5番目の音(第5音)→**属音**……主音の完全5度上の音。主音を支配する力を持つ。
属音の働きによって、主音が決定付けられる重要な音。

7番目の音(第7音)→**導音**……次に主音へ進もうとする強い性格を持つ。
主音に導かれる音なので導音という。

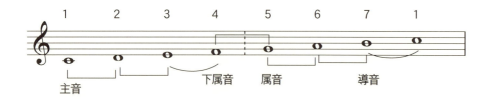

2. いろいろな音を起点とする長音階

全ての音を主音(起点)として音階の各音を譜①の音程関係に並べれば、いろいろな長音階ができます。

♪いろいろな音を主音(起点)とした長音階を作ってみましょう。

長音階は前半と後半に同じ音程関係のテトラコルドが2つ並んでいると述べましたが、ハ長調の音階の前半と後半の音の並びを利用して、違う音から長音階を作るには、それぞれどの音を起点とすればよいでしょうか。

ハ長調：C(ド)を起点

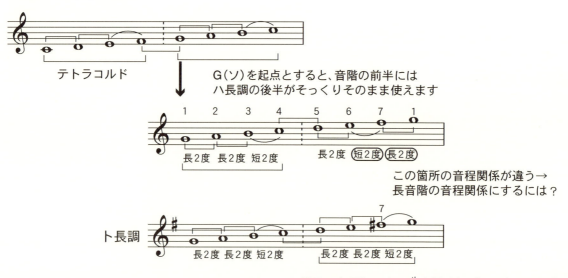

G(ソ)を起点とすると、音階の前半には
ハ長調の後半がそっくりそのまま使えます

この箇所の音程関係が違う→
長音階の音程関係にするには？

7番目の音F(ファ)に♯を付ければ→テトラコルドになる！
→♯を音部記号の右に書いて調号とします

同じようにD(レ)を起点とすると

7番目の音C(ド)に♯を付ければよい
→調号にはあらかじめ付いていたF♯にC♯を付け加えます

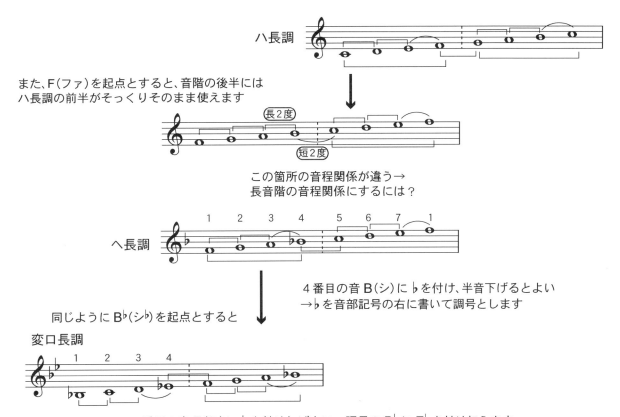

♪ まとめ

♯系の長調

このように、ある調の**5番目の音（属音）**を起点（主音）として別の長音階を作るためには、その音階の**7番目の音に♯**を付ければよいことがわかりました。このことを繰り返していくと新しい長調ができます。
音階の音に付けられる♯は1つずつ増えていきます。
♯が新たに付く（増える）順番→ファ・ド・ソ・レ・ラ・ミ・シ

♭系の長調

また、ある調の**4番目の音（下属音）**を起点（主音）として別の長音階を作るためには、その音階の**4番目の音に♭**を付ければよいことがわかりました。このことを繰り返していくと新しい長調ができます。
音階の音に付けられる♭は1つずつ増えていきます。
♭が新たに付く（増える）順番→シ・ミ・ラ・レ・ソ・ド・ファ

練習問題

ハ長調から始まって、次のように指示された音階を書きましょう。

ハ長調の音階

1. ♯系の長音階を書きましょう。

ハ長調の5番目の音（属音）から始める→7番目の音に♯を付ける

ト音記号の右横に♯を付けて完成！→（　　）**長調** の音階ができました。
調号がつくと、臨時記号は付けません。

上の調の5番目の音（属音）から始める→7番目の音に♯を付ける

あらかじめ付いていた調号に新しく付いた♯を付け加える
→（　　）**長調** の音階ができました。

上の調の5番目の音（属音）から始める→7番目の音に♯を付ける

あらかじめ付いていた調号に新しく付いた♯を付け加える
→（　　）**長調** の音階ができました。

解答は p.108

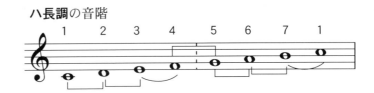

2. ♭系の長音階を書きましょう。

ハ長調の4番目の音（下属音）から始める→4番目の音に♭を付ける

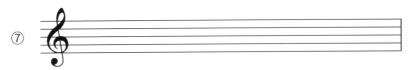

ト音記号の右横に♭を付けて完成！→（　）長調 の音階ができました。
調号がつくと、臨時記号は付けません。

上の調の4番目の音（下属音）から始める→4番目の音に♭を付ける

あらかじめ付いていた調号に新しく付いた♭を付け加える
→（　）長調 の音階ができました。

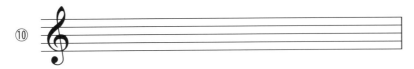

上の調の4番目の音（下属音）から始める→4番目の音に♭を付ける

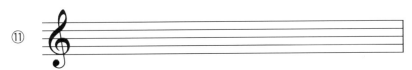

あらかじめ付いていた調号に新しく付いた♭を付け加える
→（　）長調 の音階ができました。

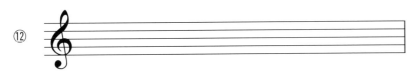

解答は p.108

長調の音階と調号のまとめ

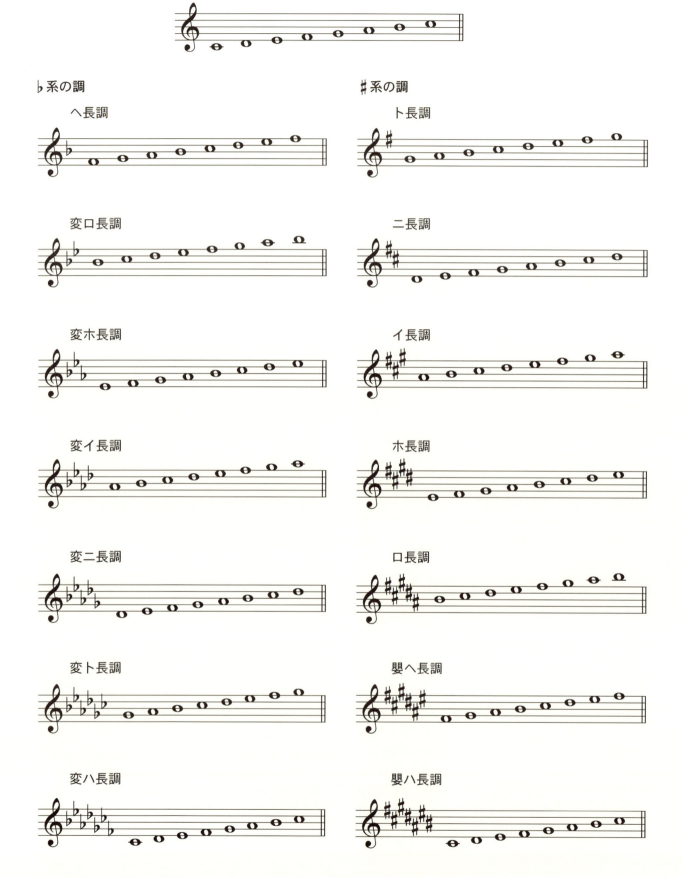

♪ ハ長調、ヘ長調、ト長調、変ロ長調、ニ長調などの音階を歌いましょう。→弾きましょう。
𝄞 ソルフェージュ編 p.91 の各長調の課題を歌ったり、弾いたりしてみましょう。

3. 短音階

短音階は次のような音程関係によって、並べられている音階です。

A（ラ）を起点とした短音階…幹音だけでできています。基本調といいます。

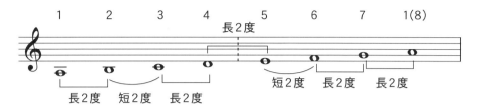

この音階を**イ調短音階**と呼び、それでできた調を**イ短調**と呼びます。
短音階は音階の前半（1 から 4 番目の音）と後半（5 から 1(8) 番目の音）の音程関係は長音階のように同一ではありません。

ハ調長音階と同じ音 C（ド）を起点とする短音階を比較すると、以下のようになります。

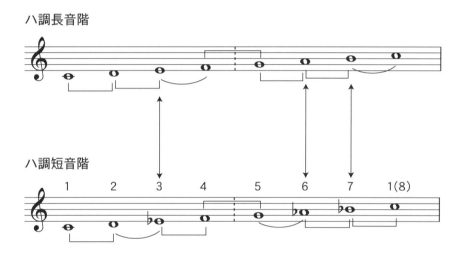

3, 6, 7 番目の音が半音下がっているのがわかります。
この中でも特に半音下がった第 3 音が短音階特有の表情をもたらし、第 6 音はそれに次ぎます。

次の曲は「きらきら星」です。

♪「きらきら星」を短調に変えて書きましょう。3 番目と 6 番目の音に変化記号をつけます。
　　→弾いてみましょう。

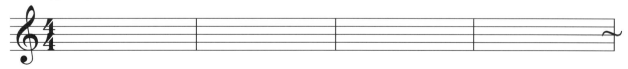

𝄞 ソルフェージュ編 p.86「うれしいひなまつり」を歌いましょう。

短音階は時と場合によって、音階各音の音程関係が変化することがあります。
以下にその３つの種類を示します。

自然短音階（短音階の原型です。第７音は主音と長２度の音程関係にあるため、導音とは呼びません。）

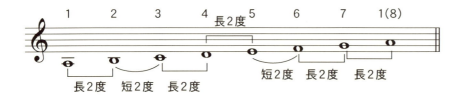

和声短音階（第７音が半音高くなり、導音になります。）

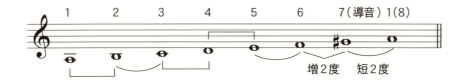

旋律短音階（上行形は第６音も半音高くなり、下行形は自然短音階と同じに戻ります。）

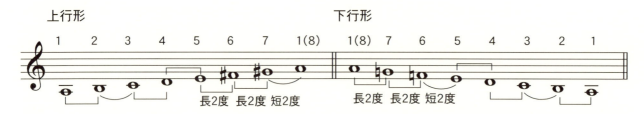

♪イ短調の音階（イ調短音階）の３つの種類を書きましょう。まずト音記号から書きましょう。

自然短音階

和声短音階

旋律短音階

　　　上行形　　　　　　　　　　　　下行形

🎼 ソルフェージュ編 p.85 の「ジェンカ」を変化音に気をつけて歌いましょう。

4. いろいろな音を起点とする短音階

P.37のハ長調とP.43のイ短調の音階のように、長音階の主音から短3度下の音を主音として音階を始めると、長調と同じ調号の短調となります。

ト長調の主音G（ソ）から短3度下の音E（ミ）を主音とした短音階を書きましょう。

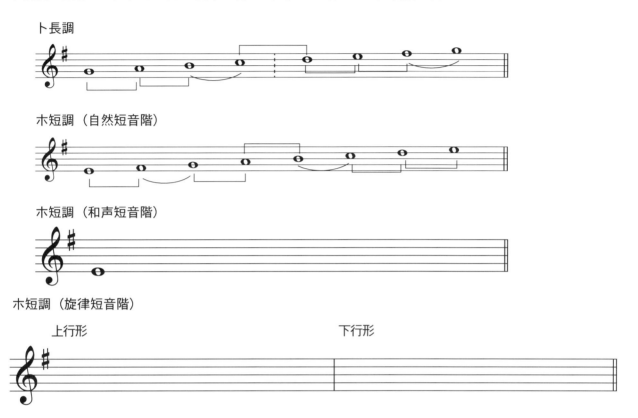

ヘ長調の主音F（ファ）から短3度下の音D（レ）を主音とした短音階を書きましょう。

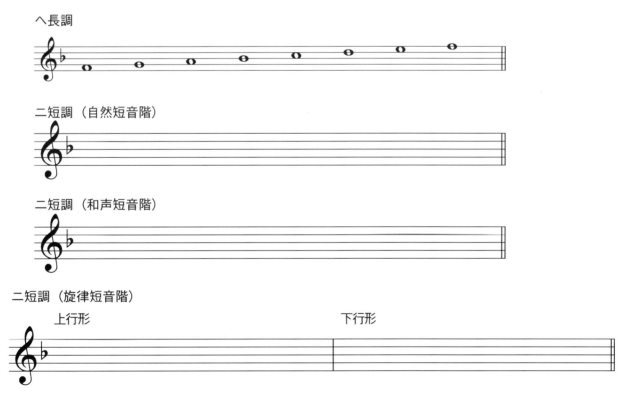

解答はp.109

短調の音階と調号のまとめ

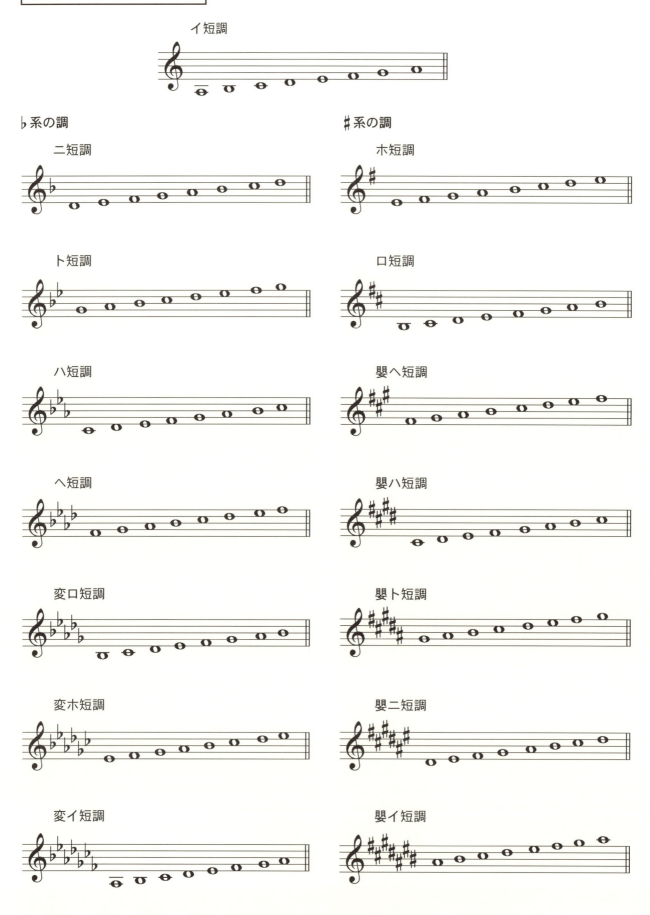

♪ イ短調、ニ短調、ホ短調、ハ短調などの音階を歌いましょう。→弾きましょう。
𝄞 ソルフェージュ編 p.85-86 の各短調の課題を歌ったり、弾いたりしてみましょう。

5. 5度圏

長調と短調の基本調のハ長調とイ短調の主音から完全5度高く、又は完全5度低く主音を移していくと、調号の変化記号が1つずつ増えていくことがわかりました。これらを連続的な円を描くように表したものを、5度圏といいます。1周回すると1オクターブの12の高さの音が出てきます。ここに各調の調号と主音を示していますが、主音の高い方は長調、低い方は短調です。

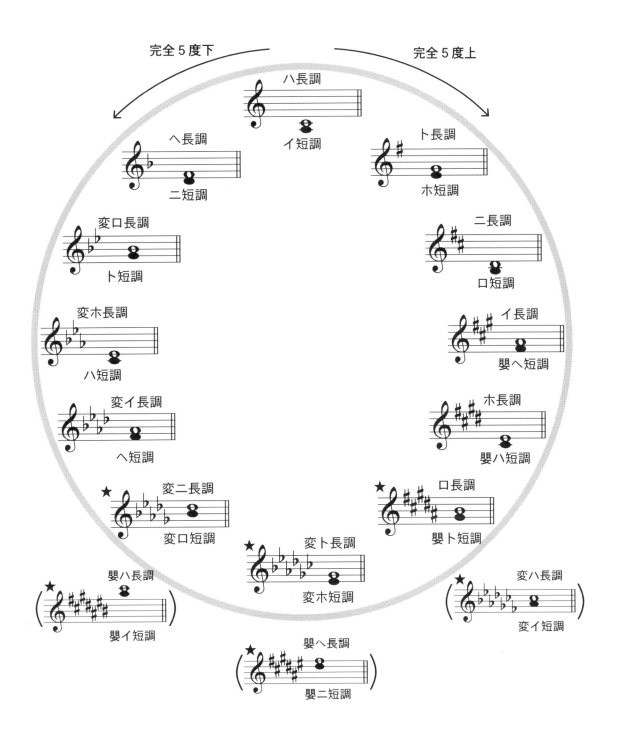

★の調の主音は♯と♭で異なった表し方をしますが、どちらも同じ高さの音です。異名同音と呼びます。

6. 近親調

ある調（主調）と近しい関係にある調を近親調といいます。以下に示す調が近親調です。
それらの調は主調と音階の構成音を多く共有しています。

属調‥‥‥ 主調の属音（音階の5番目の音）を主音とする調

下属調‥‥ 主調の下属音（音階の4番目の音）を主音とする調
　　　　※属調と下属調は主調が長調であればそれらも長調、主調が短調であればそれらも短調になります。

平行調‥‥ 調号が同じ長調と短調

同主調‥‥ 主音が同じ長調と短調

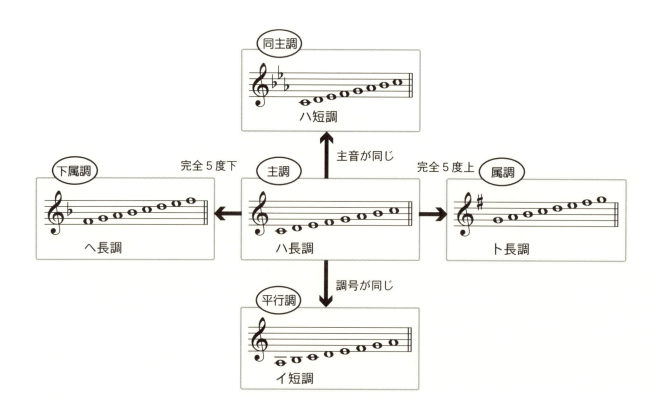

練習問題

ト長調の属調と平行調を答えましょう。
〔　　　〕に調名を、五線にその音階を調号を用いて書きましょう。

1) 属調：〔　　　　　　〕　　　2) 平行調：〔　　　　　　〕

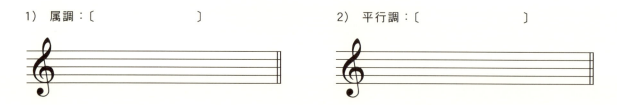

解答は p.109

7. 移調と転調

《移調》

　ある曲全体をそっくりそのまま別の調に移すことを移調といいます。歌曲では声域に応じて同じ曲をいろいろな調に移調して演奏されることが、よくあります。教育や保育の現場でも子どもの声域に応じて、歌い易い調に移調できると、表現の幅が広がるでしょう。

きらきら星（ハ長調）　武鹿悦子 作詞／フランス民謡

完全4度高く移調すると→ヘ長調になる→調号（シに♭）を付けて
　　　　　　　　　　　　→それぞれの音を4度上げて書くと→完成！

♪ハ長調を長2度高く移調して書きましょう→（　　　）長調になる→調号を付ける
　　　　　　　　　　　　→それぞれの音を2度上げて書くと→完成！

解答は p.109

《転調》

　移調は曲全体をそっくりそのまま別の調に移動させることでしたが、転調は1つの曲のある部分が他の調に変わることです。

　ハイドンの「びっくりシンフォニー」（交響曲第94番2楽章）の一部ですが、転調を感じながら歌ってみましょう。

《移旋》

　移旋とは長調の曲を短調に、短調の曲を長調に変えることです。
　次の曲は「メリーさんのひつじ」ですが、長調と短調の違いを感じながら歌ったり、弾いたりしてみましょう。

※の音が変化しています。

8. 日本の音階

ここまで長調と短調の音階を述べてきましたが、その他にも教会旋法、全音音階、半音階、民族的な音階など、様々な音階があります。ここではわらべうたや民謡などでなじみの深い日本の音階について述べます。

《日本の音階の特徴》‥‥五音音階でできています。

(1) **民謡音階（陽音階）**→民謡やわらべうた

わらべうたは、2音や3音のものから次第に範囲の広いものに発展しています。

おせんべやけたかな、かみさまのいうとおり etc.

（全音符は核音）

ゆうやけこやけ、なべなべそこぬけ、おちゃらかホイ、etc.

ちゃちゃつぼ ちゃつぼ、だるまさん、あがりめ さがりめ
ぼうがいっぽん あったとさ etc.

4音

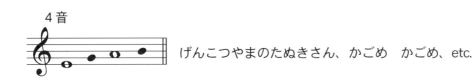 げんこつやまのたぬきさん、かごめ かごめ、etc.

げんこつやまのたぬきさん

5音

 ひらいたひらいた etc.

ひらいたひらいた

♪民謡音階を使ってメロディー（わらべうた）を作りましょう。
　２音（ソラ）や３音（ソラシ）（ミソラ）だけを使ってもよいでしょう。

(2) **都節音階**（陰音階）→江戸時代に発達した器楽（三味線や箏）でよく用いられます。

(3) **律音階**→雅楽で用いられる音階。

(4) **呂音階**→雅楽で用いられる音階で、四七抜き旋法とも呼ばれます。

(5) **琉球音階**→沖縄地方の民謡に用いられる音階。

第6章のまとめの問題

〔1〕次に示す長調の音階を調号を用いて書きましょう。

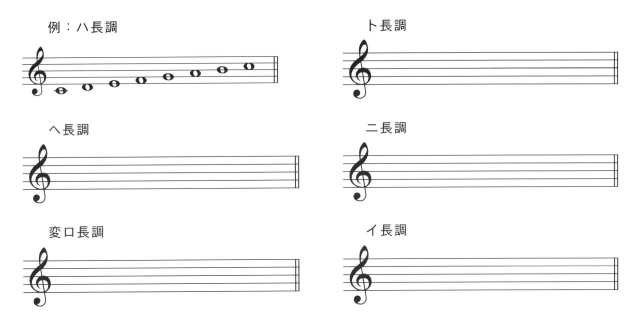

〔2〕次に示す短調の音階を調号を用いて、必要があれば臨時記号を用いて書きましょう。

〔3〕次の曲の題名を下から選んで〔　〕に、調名を（　）に書きましょう。

　　題名：うみ、かえるのうた、きらきら星、ぞうさん、おつかいありさん、荒城の月、
　　　　　うれしいひなまつり

　　調名：イ短調、ト長調、ハ長調、ヘ長調、ホ短調、ニ長調、ハ短調

〔4〕次の調号をもつ長調の調名を（　）に、主音を五線に書きましょう。

（　）長調　　（　）長調　　（　）長調　　（　）長調　　（　）長調

〔5〕次の調号をもつ短調の調名を（　）に、主音を五線に書きましょう。

（　）短調　　（　）短調　　（　）短調　　（　）短調　　（　）短調

解答は p.115-116

第7章 和音とコードネーム

和音とは、高さの異なる２つ以上の音が同時に鳴り響いている、音の積み重なりのことです。

音の組み合わせにより様々な和音があります。

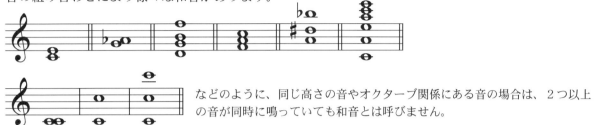

などのように、同じ高さの音やオクターブ関係にある音の場合は、２つ以上の音が同時に鳴っていても和音とは呼びません。

コードネームとは、次に述べる三和音や七の和音のような一定の秩序で作られている和音に付けられた名前のことです。英語音名を基本として使用します。

♪英語音名を復習しましょう。

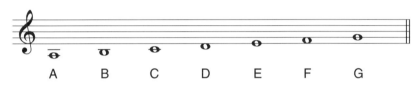

♪（ ）に英語音名を書きましょう。

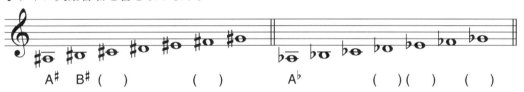

♪次の英語音名を左手ですばやく弾きましょう。

① C F G A D G C B E F
② A C B B♭ G F♯ D A♭ E♭

1. 和音の種類

(1) 三和音

三和音とは、ある音の上に３度ずつ二つの音を積み重ねた和音のことです。
和音のそれぞれの音は次の名前が付けられています。

練習問題

1. 次に示す音を根音とした三和音を書きましょう。（３度３度の音を積み重ねます）

解答は p.109

三和音には、それぞれの音程関係によって次のような種類があります。

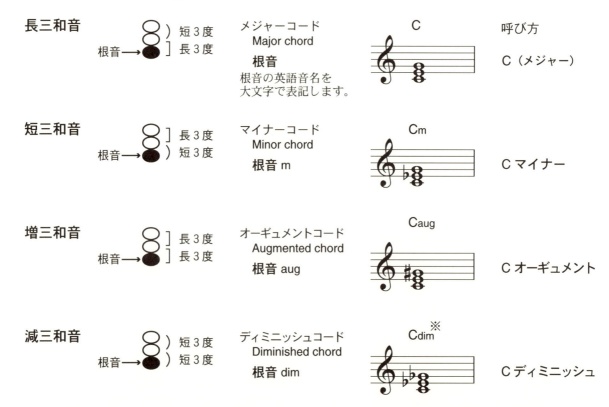

※減三和音は、上記コード表記の他に、マイナーフラットファイブ（Cm⁻⁵）と表記される場合もあります。

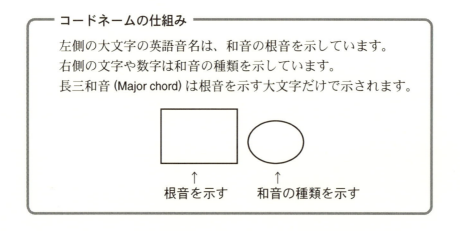

長三和音（メジャーコード）と短三和音（マイナーコード）の違いは第3音です。

短三和音は長三和音の第3音(真ん中の音)を半音下げたものです

増三和音は長三和音と第5音が、減三和音は短三和音と第5音がそれぞれ違っています。

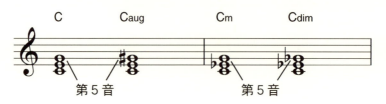

長三和音（メジャーコード）

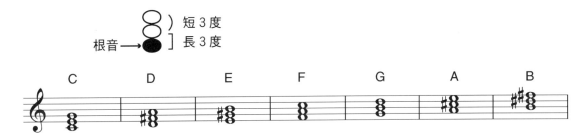

練習問題

2. 次に示す音を根音とした長三和音（メジャーコード）を書きましょう。→弾いてみましょう。
   和音の上の〔 〕にはコードネームを書きましょう。

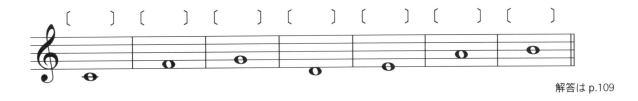

解答は p.109

♪次に示したコードを、コードネームを言いながら左手で弾きましょう。→できるだけすばやく弾きましょう。

C G A D F E B F G C

その他の長三和音（メジャーコード）を次に示します。

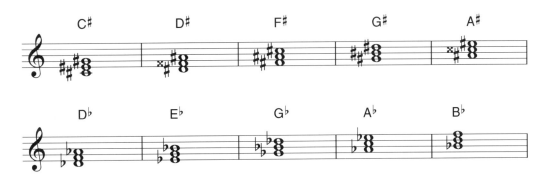

練習問題

3. 指示されたコードの音をヘ音譜表に書きましょう。→弾きましょう。

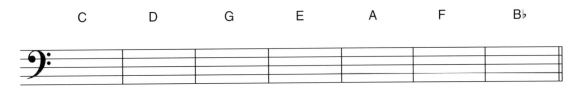

解答は p.109

𝄞 ソルフェージュ編 p.91-93 のメジャーコードの曲を練習しましょう。

短三和音（マイナーコード）

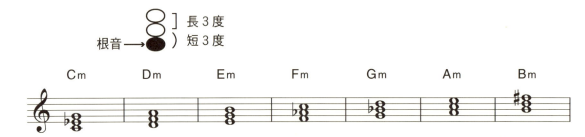

🔵 練習問題

4. 次に示す音を根音とした短三和音（マイナーコード）を書きましょう。→弾いてみましょう。
   和音の上の〔　〕にはコードネームを書きましょう。

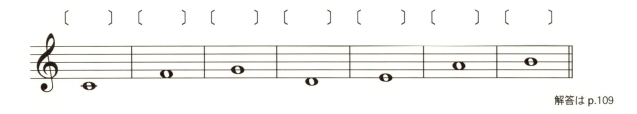

解答は p.109

♪次に示したコードを、コードネームを言いながら左手で弾きましょう。→できるだけすばやく弾きましょう。

その他の短三和音を次に示します。

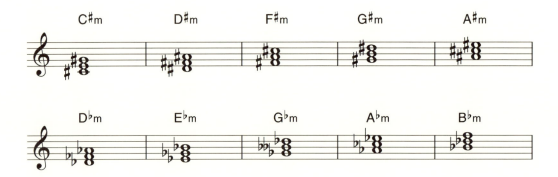

🔵 練習問題

5. 指示されたコードの音をヘ音譜表に書きましょう。→弾きましょう。

Cm	Dm	Fm	Em	Gm	Am	B♭m	Bm

解答は p.109

🎼 ソルフェージュ編 p.94-95 のマイナーコードの曲を練習しましょう。

増三和音（オーギュメントコード）

練習問題

6. 次に示す音を根音とした増三和音（オーギュメントコード）を書きましょう。→弾いてみましょう。
和音の上の〔　〕にはコードネームを書きましょう。

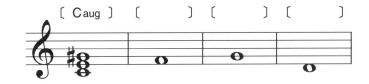

♪次に示したコードを、コードネームを言いながら左手で弾きましょう。→できるだけすばやく弾きましょう。

　　　　Caug　　Faug　　Gaug　　Daug

減三和音（ディミニッシュコード）

練習問題

7. 次に示す音を根音とした減三和音（ディミニッシュコード）を書きましょう。→弾いてみましょう。
和音の上の〔　〕にはコードネームを書きましょう。

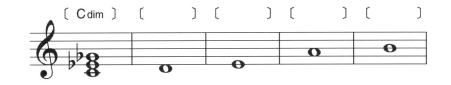

♪次に示したコードを、コードネームを言いながら左手で弾きましょう。→できるだけすばやく弾きましょう。

　　　　Cdim　　Ddim　　Edim　　Adim　　Bdim

(2) 七の和音

七の和音とは、三和音にもう一つ3度上の音を積み重ねた和音のことです。四和音とも呼ばれます。
和音のそれぞれの音は次の名前が付けられています。

新しく重ねられた4個めの音は、根音の7度上にあるので第7音と呼びます。

練習問題

1. 次に示す音を根音とした七の和音を書きましょう。（3度3度3度の音を積み重ねます）

解答は p.109

属七の和音（Dominant 7th chord セブンス コード）

七の和音の中では属七の和音が最もよく使われます。
長三和音に短3度上の音を重ねます。

属七の和音のコードネームの書き方は
英語音名の右に数字の7を付けます。

練習問題

2. 次の音を根音とした属七の和音（セブンスコード）を書きましょう。→弾いてみましょう。

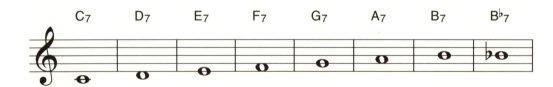

解答は p.109

その他よく使われる属七の和音

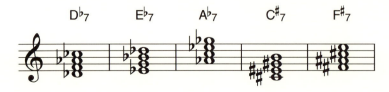

♪ソルフェージュ編 p.96-99 のセブンスコードの曲を練習しましょう。

その他の七の和音

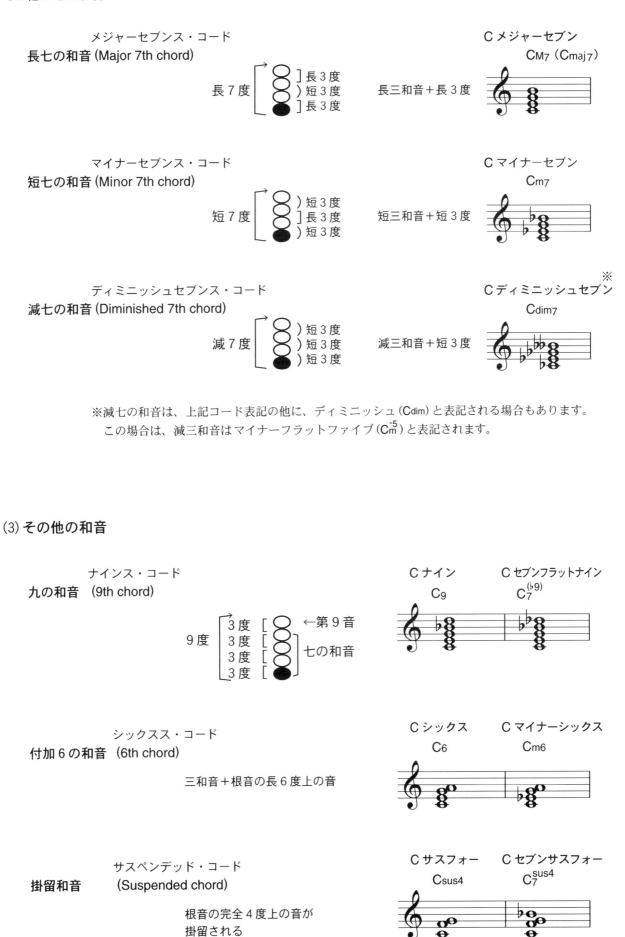

※減七の和音は、上記コード表記の他に、ディミニッシュ（Cdim）と表記される場合もあります。この場合は、減三和音はマイナーフラットファイブ（C_m^{-5}）と表記されます。

(3) その他の和音

2. 和音記号

音階の上に三和音を作っていくと、次のようになります。
各和音には順番に Ⅰ Ⅱ Ⅲ Ⅳ Ⅴ Ⅵ Ⅶ と記し、「Ⅰ度の和音」「Ⅱ度の和音」‥‥と呼ばれます。

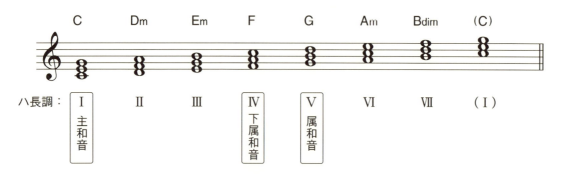

Ⅰ度、Ⅳ度、Ⅴ度の和音はその中でも重要な働きを持つため、**主要三和音**と呼ばれます。
それぞれ主和音、下属和音、属和音と呼びます。

また、音階の音の上に七の和音を作っていくと次のようになります。

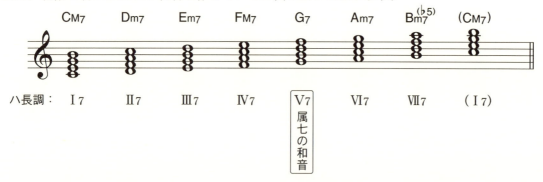

音階の5番目の音（属音）に作られた七の和音は重要な働きを持ち、**属七の和音**と呼ばれます。

各調の主要三和音と属七の和音→弾いてみましょう

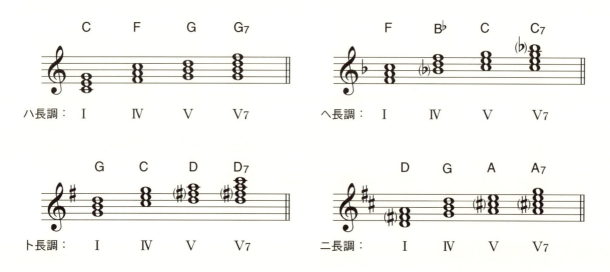

短調の音階では、和声短音階を使って和音が作られます。
そのため、音階の7番目の音は半音高くなり（導音になり）以下のようになります。

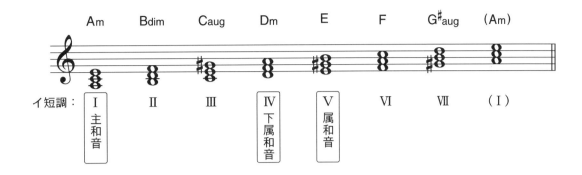

七の和音は次のようになります。

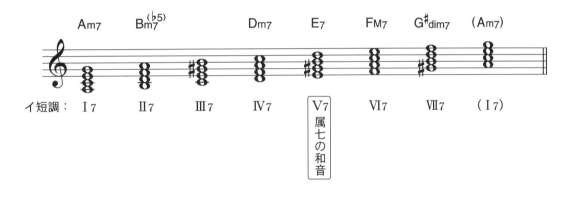

各調の主要三和音と属七の和音→弾いてみましょう。

3. 和音の転回形

和音の転回形とは、根音以外の構成音が最低音にくる形のことです。
根音が最低音の形は基本形と呼びます。

♪基本形と転回形を左手で弾きましょう。

転回形のコードネームの表し方は、基本形のコードネームの右横に C/E のようにスラッシュと最低音を示す英語音名を記します。
C^onE のように表記することもあります。しかし、コードネームの表記は必ずしも基本形と転回形を区別せず、転回形も基本形と同じ形で表すことがよくあります。

属七の和音は次のように第5音を省略して用いられることが多いです。弾き易く、響きもよくなります。

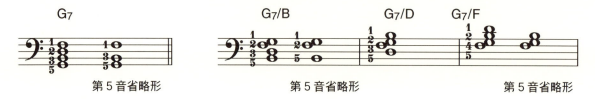

主要三和音と属七の和音（C−F−G−G₇−C）を基本形で弾いてみましょう。

音が飛ぶので弾きにくいです。

転回形を使うと弾きやすく、和音の進行がスムーズな為、響きも良くなります。

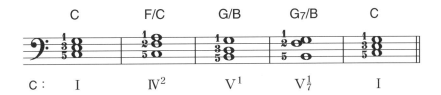

上記のように、まとまりが感じられる和音の組み合わせを**カデンツ**と呼びます。
子どもの歌の弾き歌いでは、右手でメロディーを弾き左手で和音の伴奏を弾く形がよく使われます。
それぞれの調のカデンツを左手で弾きましょう。覚えるととても便利です。

ここからのコードネームは転回形の表記をせず、一般的によく使われる基本形で記します。

前のページではVとV₇の和音を順番に弾きましたが、実際の曲ではI－IV²－V¹－Iや
I－IV²－V$_7^1$－IのようにVとV₇の和音のどちらかをその時に応じて選んで用いることが多いです。

また、属七の和音V₇は第1転回形V$_7^1$だけではなく、第2転回形V$_7^2$でもよく使われます。

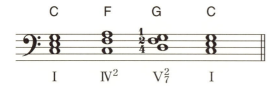

♪空白の小節に和音を書きましょう。→V₇の和音を確かめながら、弾きましょう。

茶色のこびん　イーストバーン 作曲

※メロディーに属七の和音V₇の第3音（ハ長調ではシの音）が使われる時は
　第2転回形を使います。

その他のカデンツ

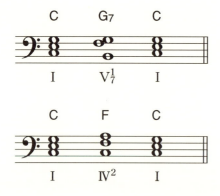

属七の和音第2転回形V₇の後に第1転回形V₇を続けることもよくあります。

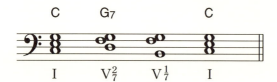

𝄞ソルフェージュ編 p.100-103の曲をいろいろな調のカデンツを使って弾き歌いしてみましょう。

第7章のまとめの問題

〔1〕次の音を根音とした長三和音、短三和音、減三和音、増三和音を書きましょう。

〔2〕次の音を根音とした属七の和音を書きましょう。

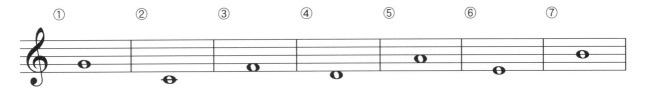

〔3〕〔　〕にはコードネームを、空白の小節にはコードネームで示された和音を書きましょう。

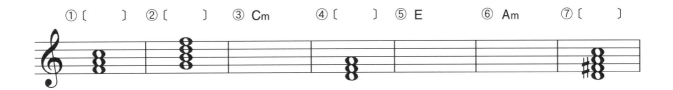

〔4〕次に示された調の調号と主要三和音を書きましょう。

〔5〕次の曲を読譜して、下の問題に答えましょう。

1．この曲は何拍子ですか。‥‥（　　）分の（　　）拍子

2．この曲に合う和音を以下から選んで、番号を上の楽譜の〔　　〕に書きましょう。

解答は p.117

第 2 部　ソルフェージュ編

読んで、リズム打ちをして、歌って、弾いて
音楽を表現しましょう

第1章 読譜 ～音の高さを読みましょう

音の高さを覚えましょう

〔課題1〕ト音記号の音を読みましょう。

①まず「ド、ソ」の位置を覚えましょう。

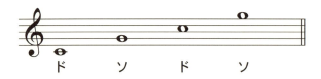

②次の音「ド、ソ」をできるだけ早く読みましょう。

③周辺の音「ドレミ」「ファソラ」「シド」などを覚えましょう。

④次の音をできるだけ早く読みましょう。

⑤次の曲を読みましょう。何の曲かわかりますか。

〔課題2〕ヘ音記号の音を読みましょう。

①まず「ド、ソ」の位置を覚えましょう。

②次の音「ド、ソ」をできるだけ早く読みましょう。

③周辺の音「ドレミ」「ファソラ」「シド」などを覚えましょう。

④次の音をできるだけ早く読みましょう。

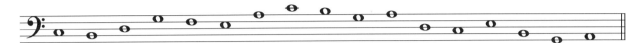

⑤次の曲を読みましょう。何の曲かわかりますか。

〔課題3〕できるだけ早く読みましょう。

①

②

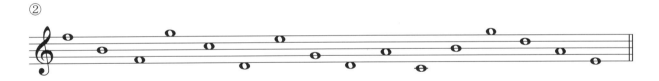

③

④

⑤

〔課題４〕複数の加線の音を読みましょう。

①まず「ド、ソ」の位置を覚えましょう。

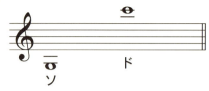

②次の音「ド、ソ」をできるだけ早く読みましょう。

③周辺の音「ソラシド」を覚えましょう。

④次の音をできるだけ早く読みましょう。

〔課題５〕複数の加線の音を読みましょう。

①まず「ド、ソ」の位置を覚えましょう。

②次の音「ド、ソ」をできるだけ早く読みましょう。

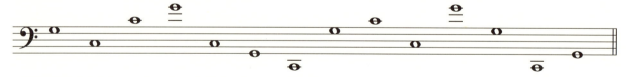

③周辺の音「ドレミファソ」を覚えましょう。

④次の音をできるだけ早く読みましょう。

大譜表を読みましょう

①「ドソ」の位置を確認しましょう。

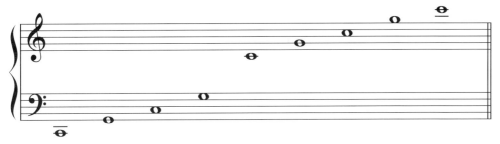

②「ドソ」を読みましょう。

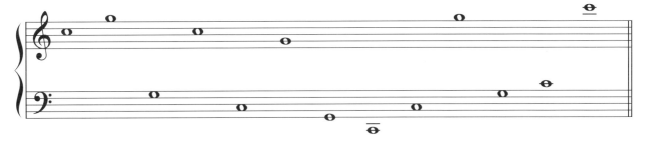

③周辺の音を読みましょう。

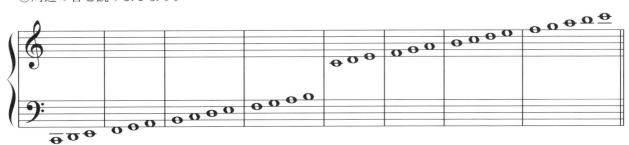

④次の音をできるだけ早く読みましょう。

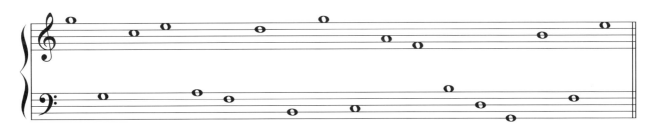

⑤

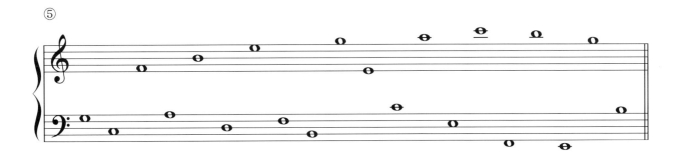

第2章 リズム 〜リズム打ちをしましょう
ステップ1‥‥基本リズム

4分音符1つ分を1拍として、拍を感じながらリズムを打ちましょう。

ステップ2····いろいろなリズム

次の付点四4分音符と8分音符の組み合わせのリズムのように、複数の音符を組み合わせたリズムが、子どもの歌の曲でもよく使われます。リズムと共に、拍をよく感じながら打ちましょう。

ことばを言いながら、リズムを打ちましょう。次に、好きなことばを付けてみましょう。

ステップ3‥‥いろいろな拍子

拍子を感じながら、リズムを打ちましょう。

複合拍子を感じながら、リズムを打ちましょう。8分音符3つ分をひとまとまりとした大きな拍を感じましょう。

ステップ4‥‥リズムアンサンブル

2人で、もしくは左右の手でリズムを打ちましょう。
また、手拍子と足踏みなどのボディーパーカッションもしてみましょう。

第3章 視唱 〜きれいに歌いましょう
ステップ1‥‥基本リズムと音程

リズムと音程を正確に歌いましょう

歌詞がついていない課題はドレミ（イタリア音名）で歌いましょう。
歌詞がついている課題はドレミで歌ったり、歌詞で歌ったりとどちらでも歌えるように練習しましょう。

〔課題1〕2度音程を正しく歌いましょう。

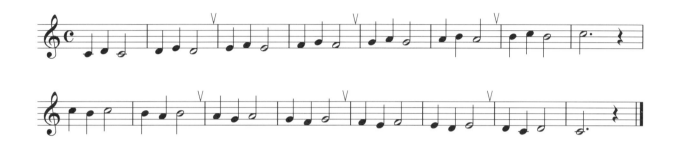

かえるの合唱　岡本敏明 訳詞／ドイツ民謡

むすんでひらいて　作詞者不詳／ルソー 作曲

ドレミで歌いましょう。→歌詞で歌いましょう。

〔課題2〕3度音程をきれいに歌いましょう。

〔課題4〕5度音程をきれいに歌いましょう。

まつぼっくり　広田孝夫 作詞／小林つや江 作曲

ステップ２‥‥いろいろなリズム

リズムを正確に歌いましょう

〔課題１〕付点４分音符＋８分音符のリズム

拍打ちしながら歌いましょう。

ドレミで歌いましょう。→歌詞で歌いましょう。

ぞうさん　まど・みちお 作詞／團　伊玖磨 作曲

〔課題2〕シンコペーションのリズム

ピクニック　萩原英一 日本語詞／イギリス民謡

〔課題3〕8分の6拍子

8分の6拍子を拍打ちしながら歌いましょう。

思い出のアルバム　増子とし 作詞／本多鉄麿 作曲

〔課題4〕スキップリズム

おかえりのうた　天野 蝶 作詞／一宮道子 作曲

1. きょーう も たのしく すみました　なかよし こよし で かえり ましょう
2. おりがみ つみき も かたづけて　おかえり お したく で きました
　　せんせい さよなら また また あした
　　みなさん さよなら また また あした

おべんとう　天野 蝶 作詞／一宮道子 作曲

おべんと おべんと うれしいな　｛おてても きれいに／なんでも たべましょ
なりました　みんな そろって ごあいさつ
よくかんで　みんな すんだら ごあいさつ

朝のうた　増子とし 作詞／本多鉄麿 作曲

せんせい おはよう　みなさん おはよう　｛おはな も にこにこ／ことり も ちっち と
わらって います｝
うたって います｝　おはよう おはよう　―

おかたづけ　作詞・作曲者不詳

おかたづけ　おかたづけ　さあ さ みなさん おかたづけ

〔課題5〕3連符のリズム

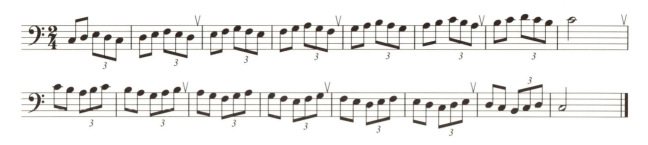

おばけなんてないさ　槙みのり 作詞／峯 陽 作曲

世界中のこどもたちが　新沢としひこ 作詞／中川ひろたか 作曲

© 1989 by CRAYONHOUSE CULTURE INSTITUTE Words by Shinzawa Toshihiko Music by Nakagawa Hirotaka

ステップ３‥‥表情豊かに歌いましょう

強弱や速さなどの記号に注意して、表情を付けて歌いましょう。

にじ　新沢としひこ 作詞／中川ひろたか 作曲

© 1991 by CRAYONHOUSE CULTURE INSTITUTE
Words by Shinzawa Toshihiko Music by Nakagawa Hirotaka

短調の曲を歌いましょう。

ジェンカ　井原たかし 作詞／ラウーノ・レーティネン 作曲

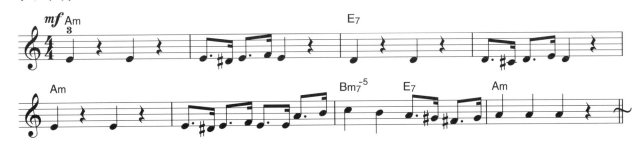

LETKIS JENKA　作曲：RAUNO VAEINAEMOE LEHTINEN
© Copyright 1963 by Coda Ed. Finland / Warner Chappell Music Finland Oy /
Universal Music Publishing AB Used with permission by Victor Music Arts, Inc.

げんこつやまのたぬきさん　わらべうた

※わらべうたは楽典編 p.50-51 で述べている日本の音階で作られていますので、短調でも長調でもありません。けれどもわらべうたの音階（民謡音階）はどちらかといえば、短調に近い響きが感じられます。

ちいさいあきみつけた　サトウハチロー 作詞／中田喜直 作曲

うれしいひなまつり　サトウハチロー 作詞／河村光陽 作曲

第4章　視奏 ～コードで弾き歌いをしましょう

どの曲もピアノを弾く前にまずしっかりと歌ってみて下さい。歌詞の言葉一つ一つを大切にしながら、表情豊かに歌いましょう。楽しく歌いながら弾くことができるように、コード伴奏の知識を学び練習しましょう。

ステップ1‥‥単音伴奏

一番簡易な伴奏の形は単音伴奏です。右手でメロディーを弾き、左手は単音（1つの音）でそのメロディーを支えます。

まず始めに、英語音名を覚えましょう。（楽典編 p.7, p.10, p.55 を確認しましょう。）

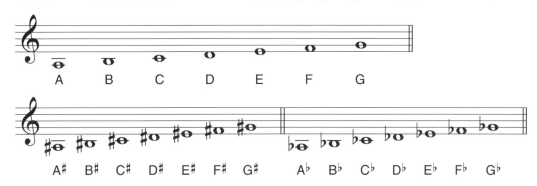

英語音名を読みながら左手で弾いてみましょう。

① C F G A D G C B E F
② A C B B♭ G F♯ D A♭ E♭

楽譜の上に付いている英語音名を左手で弾きます。右手はメロディーを歌いながら弾きましょう。

※歌の伴奏をする時は、その曲の終わりを前奏として使うとよいでしょう。

左手単音伴奏をつけて、両手で弾き歌いしましょう。

かえるの合唱　岡本敏明 訳詞／ドイツ民謡

英語音名の横に7やmが付いている場合、単音伴奏では7やmは考えずに英語音名の音だけを弾きます。
D7 → D音だけ、Cm → C音だけを弾きます。

ロンドン橋　高田三九三 訳詞／イギリス民謡

大きな栗の木の下で　作詞者不詳／外国曲

とんとんとんとんひげじいさん　作詞者不詳／玉山英光 作曲

C/E のように分数で書かれているものは、分母にあたる右側の音を弾きます。C/E→E 音を弾きます。

チューリップ 近藤宮子 作詞／井上武士 作曲

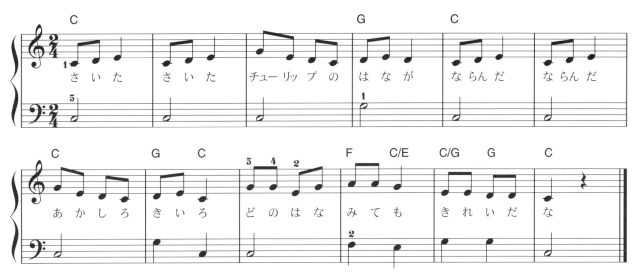

ぞうさん まど・みちお 作詞／團 伊玖磨 作曲

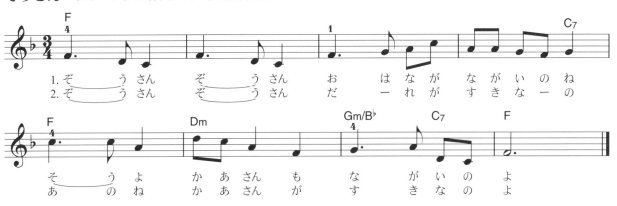

時計のうた 筒井啓介 作詞／村上太朗 作曲

ステップ２‥‥メジャーコード（長三和音）

次に、楽典編 p.56 から p.57 で学んだメジャーコード（長三和音）を左手で弾きましょう。
右手はメロディーを弾きます。

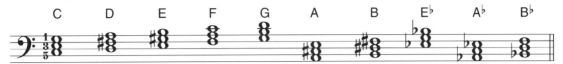

メジャーコードを使って伴奏してみましょう。

メリーさんのひつじ　高田三九三 訳詞／アメリカ曲

同じ曲を違う調で弾いてみましょう。左手の空白の小節は、コードの和音を弾きましょう。

ステップ２〜４では、基本形のコードを用いていますが、ステップ５で学ぶ転回形を含むコード進行も併記しています。

コードネームの和音を左手で付けましょう。

ぶんぶんぶん　村野四郎 作詞／ボヘミア民謡

ぶん ぶん ぶん　はち が とぶ　おいけの まわりに
のばらが さいたよ ぶん ぶん ぶん　はち が とぶ

転回形を含むコード進行

やきいもグーチーパー　阪田寛夫 作詞／山本直純 作曲

やきいも やきいも おなかが グー　ほかほか ほかほか あちちの チー
たべたら なくなる なんにも パー それ やきいも まとめて グーチーパー

※右手のメロディに導音（シ）があるため、
左手の伴奏はシの音を省きます。

転回形を含むコード進行

てをたたきましょう　小林純一 作詞／作曲者不詳

て を た た き ま しょう　たん たん たん　たん たん たん
あ し ぶ み し ま しょう　たん たん たん たん　たん たん たん
わ ら い ま しょう　あっ はっ はっ　わ ら い ま しょう　わっ はっ はっ
お な き ま しょう　うん うん うん　お こ り ま しょう　うん うん うん
　　　　　　　　　えん えん えん　　　　　　　　　えん えん えん
わっ はっ はっ　わっ はっ はっ　あ あ お も も　し し ろ い
うん うん うん　うん うん うん　あ あ お も　　し し ろ
えん えん えん　えん えん えん　あ あ お　　　し　　ろ

うみ　文部省唱歌　林　柳波 作詞／井上武士 作曲

左手の空白の小節にはコードの音を記入しましょう。

たなばたさま　権藤はなよ・林　柳波 作詞／下総皖一 作曲

ステップ3‥‥マイナーコード（短三和音）

マイナーコード（短三和音）はメジャーコード（長三和音）の真ん中の音（第3音）が半音低くなった和音です。
楽典編 p.58 を確認しましょう。

メジャーコードとマイナーコードを左手で順番に弾きましょう。

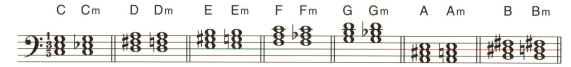

コードネームだけを見て、弾きましょう。

C Cm D Dm E Em F Fm G Gm A Am B Bm

マイナーコードを加えて伴奏してみましょう。左手の空白の小節は、コードの和音を記入して弾きましょう。

たきび　巽　聖歌 作詞／渡辺　茂 作曲

※1 C/G は後で学ぶ転回形の和音です。C のコードですが、G の音を最低音にして和音を弾きます。
※2 G7 は次に学ぶセブンスコード（属七の和音）で、メジャーコードにもう1つ短3度上の音を加えた和音です。

ステップ4‥‥セブンスコード（属七の和音）

楽典編 p.60、61で学んだように七の和音にも何種類かの和音がありますが、ここでは最もよく使われるセブンスコード（属七の和音）を練習しましょう。

セブンスコード（属七の和音）はメジャーコードにもう1つ短3度上の音を重ねた和音です。
メジャーコードとセブンスコードを左手で順番に弾きましょう。

コードネームだけを見て、弾きましょう。

C　C7　D　D7　E　E7　F　F7　G　G7　A　A7　B　B7

セブンスコードを加えて伴奏してみましょう。左手の空白の小節は、コードの和音を記入して弾きましょう。

こぎつね　勝 承夫 作詞／ドイツ民謡

転回形を含むコード進行

ソルフェージュ編 第4章 視奏

転回形を含むコード進行

※の小節のGのコード〈左手〉は右手と重なるレの音を省いて演奏しましょう。

ふしぎなポケット　まど・みちお 作詞／渡辺 茂 作曲

伴奏の例　①　②

②は和音の音をばらして使う伴奏型です。

アルプス一万尺　作詞者不詳／アメリカ曲

転回形を含むコード進行

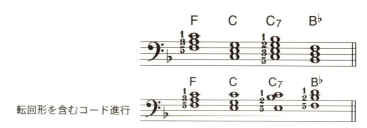

転回形を含むコード進行

しあわせならてをたたこう　木村利人 作詞／アメリカ民謡

はたけのポルカ　峯 陽 作詞／ポーランド民謡

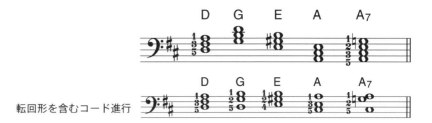

転回形を含むコード進行

おつかいありさん　関根栄一 作詞／團 伊玖磨 作曲

こぶたぬきつねこ　山本直純 作詞・作曲

伴奏の例

ステップ5‥‥転回形とカデンツ

これまではコードの基本形を用いてきましたが、このステップでは楽典編 p.64-66 で学んだように、転回形を含んだ和音進行（カデンツ）で伴奏付けをしましょう。
転回形を使うと、和音を弾きやすく、和音進行がスムーズなため響きもよくなります。

左手の和音を書きましょう。FとG、G_7 は転回形を使いましょう。→弾きましょう。

※の $G_{(7)}$ は、左手は G（V）の和音を弾きますが、右手メロディーにファの音（第7音）があるため実際は G_7（V_7）の響きとなります。

転回形の和音をつけて両手で弾いてみましょう。

移調‥‥同じ曲をそっくりそのまま別の調に移すことを移調といいます。

きらきら星を次の調で弾きましょう。

各調の「きらきら星」を転回形の和音をつけて弾きましょう。
〔　　〕には調名を書きましょう。

〔　　〕長調

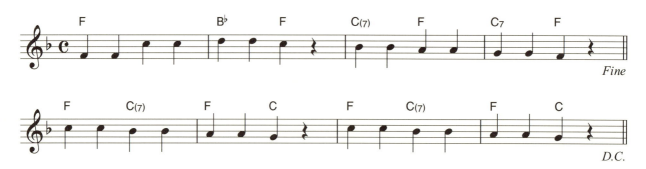

(B♭, C, C₇ が転回形)

〔　　〕長調

(C, D, D₇ が転回形)

〔　　〕長調

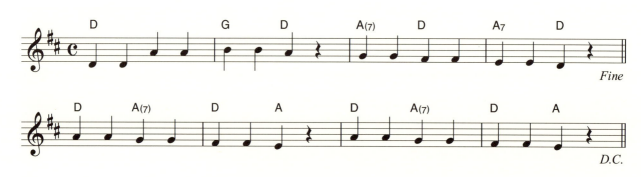

(G, A, A₇ が転回形)

ステップ6‥‥いろいろな伴奏形と変奏

これまでのステップでも、いくつかの伴奏形を例にあげてきましたが、ここでは前掲のものとそれら以外にもよく使われる伴奏形を整理してまとめてみます。

片手伴奏‥‥メロディーは右手で、伴奏は左手で弾きます。

①単音伴奏

（きらきら星　フランス民謡）

②和音伴奏（軽快な曲では4分音符で刻みます）

③和音をばらして弾きます

④

⑤

⑥

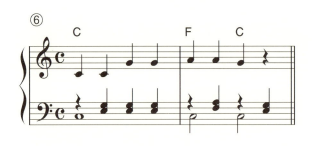

⑦

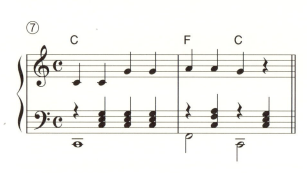

⑧根音オクターブ弾き
（テンポの速い軽快な曲でよく使われます）

⑨根音と第五音の交互弾き

（ロンドン橋　イギリス民謡）

両手伴奏‥‥メロディーは弾かず、両手で伴奏します。

メロディーをドレミや歌詞で歌いながら、両手伴奏してみましょう。

きらきら星　武鹿悦子 作詞／フランス民謡

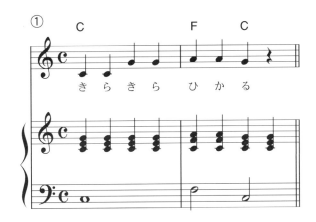

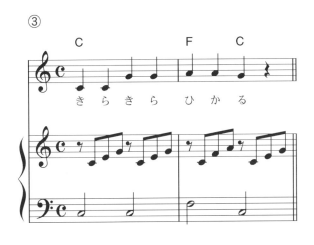

ロンドン橋　高田三九三 作詞／イギリス民謡

変奏　きらきら星でリトミック

伴奏形の変化に加えて、メロディーの形やリズム、拍子や調など音楽の様々な要素を変化させることを変奏といいます。リトミックなどの表現活動では音楽を様々な形に変奏させることが求められます。

きらきら星の変奏でいろいろなステップや動きを表現しましょう。

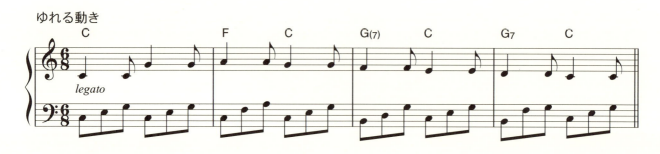

「ゆれる動き」を短調に変えて弾いてみましょう。
ミとラの音にフラットをつけます。

解 答 編

練習問題の解答

練習問題 (p.6)

1. 1) 第1線 2) 第4線 3) 第1間 4) 第4間 5) 上第1線 6) 下第1間 7) 上第2間
2.

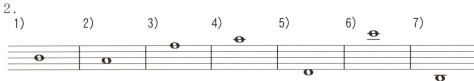

練習問題 (p.16)

1. 1) 4拍 2) 1と1/2拍 (1.5) 3) 1拍 4) 1/4拍 (0.25) 5) 1/2拍 (0.5) 6) 3拍 7) 2拍 8) 3/4拍 (0.75)
2.

練習問題 (p.30)

1) 2度 2) 4度 3) 5度 4) 3度 5) 4度 6) 3度 7) 8度 8) 7度
9) 3度 10) 5度 11) 6度 12) 7度 13) 4度 14) 6度 15) 2度

練習問題 (p.33-35)

1. 1) 完全1度 2) 完全4度 3) 完全5度 4) 増4度 5) 完全8度 6) 減5度
   7) 完全5度 8) 増4度 9) 完全4度 10) 完全8度 11) 減5度 12) 完全1度

2. 1) 長2度 2) 短3度 3) 短2度 4) 長3度 5) 短3度 6) 長3度 7) 長2度 8) 短2度

3. 1) 長6度 2) 短6度 3) 長7度 4) 短7度 5) 長6度 6) 短7度 7) 長7度 8) 長6度

4. 1) 完全1度 2) 短2度 3) 長3度 4) 完全4度 5) 長6度 6) 完全5度
   7) 減5度 8) 短7度 9) 完全8度 10) 短3度 11) 増4度 12) 長2度

5. 1) 増4度 2) 完全4度 3) 完全5度 4) 増4度 5) 減5度
   6) 長3度 7) 短3度 8) 短2度 9) 短7度 10) 長2度

練習問題 (p.40-41)

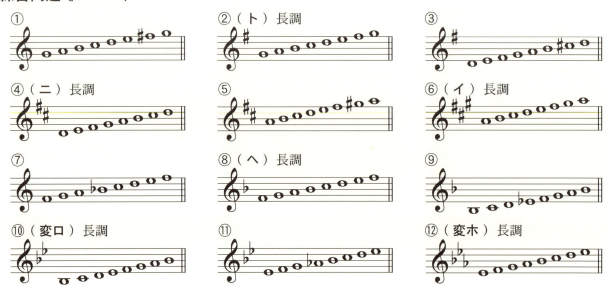

第1章のまとめの問題　解答

〔1〕次の音の日本音名と英語音名を書きましょう。

〔2〕次に示された音名の音を　　　　　の範囲で書きましょう。

〔3〕次に示された英語音名の音を　　　　　の範囲で書きましょう。

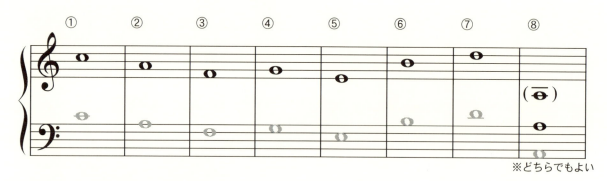

〔4〕次に示された音の1オクターブ高い音を書きましょう。

〔5〕次の鍵盤の番号の音を五線に書きましょう。

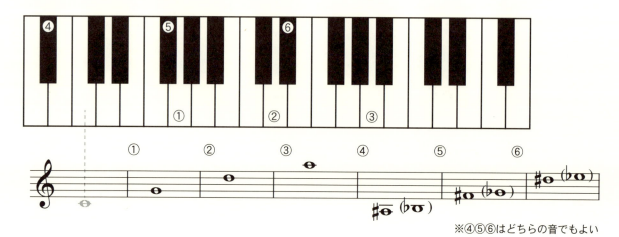

※④⑤⑥はどちらの音でもよい

第2章のまとめの問題　解答

〔1〕次に示す音符の長さを棒グラフで書き表しましょう。(4分の4拍子の時)

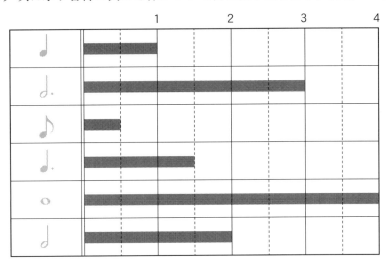

〔2〕
(1) (　) に音符の名前を書きましょう。

① (4分音符)　② (8分音符)　③ (2分音符)　④ (16分音符)　⑤ (全音符)

(2) 上の音符と同じ長さの休符を下の五線に書きましょう。

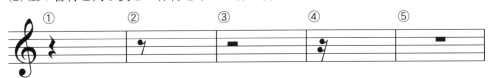

〔3〕次の音符の組み合わせと同じ長さの1つの音符を書きましょう。

〔4〕次に示す音符や休符の上の〔　　〕に、その名前を書きましょう。
また、下の (　) には、その長さを数字 (小数や分数を含む) で書きましょう。(4分音符を1拍とする時)

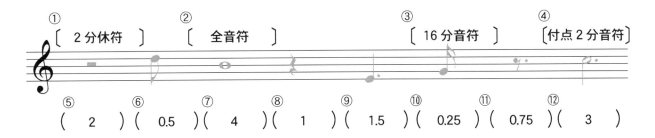

① 〔2分休符〕　② 〔全音符〕　③ 〔16分音符〕　④ 〔付点2分音符〕

⑤ (2)　⑥ (0.5)　⑦ (4)　⑧ (1)　⑨ (1.5)　⑩ (0.25)　⑪ (0.75)　⑫ (3)

第3章のまとめの問題　解答

〔1〕拍子記号に注意して、小節線（縦線）と終止線を書きましょう。

〔2〕次の曲は何分の何拍子ですか。拍子記号を書きましょう。

〔3〕次の各拍子の音符の上に　〇　〇　〇　のそれぞれの拍の印をつけましょう。
（強　中強　弱）

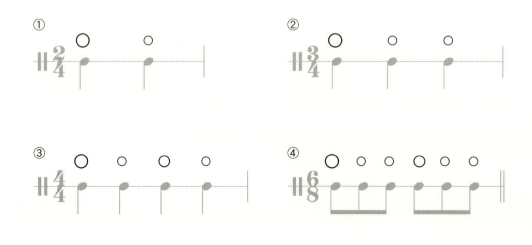

第4章のまとめの問題　解答

〔1〕次の表の空欄に当てはまる記号や読み方、意味を書きましょう。

記号	読み方	意　味
♩	スタッカート	その音を短く切る
♩	テヌート	その音の長さを十分に保って
♩	アクセント	その音を特に強く
♩	フェルマータ	その音符や休符を程よく伸ばす
♩♩	タイ	同じ高さの音をつなぐ
♩♩	スラー	高さの違う音をなめらかに演奏する

記号・用語	読み方	意　味
Adagio	アダージョ	ゆるやかに
Andante	アンダンテ	ゆっくり歩くような速さで
Moderato	モデラート	中くらいの速さで
Allegretto	アレグレット	やや速く
Allegro	アレグロ	速く
rit.	リタルダンド	だんだん遅く
a tempo	ア・テンポ	もとの速さで
accel.	アッチェレランド	だんだん速く
poco a poco	ポコ・ア・ポコ	少しずつ
sempre	センプレ	常に
amabile	アマービレ	愛らしく
dolce	ドルチェ	甘くやさしく
leggiero	レッジェーロ	軽く

強弱記号

記号	読み方	意　味
pp	ピアニッシモ	とても弱く
p	ピアノ	弱く
mp	メゾ・ピアノ	やや弱く
mf	メゾ・フォルテ	やや強く
f	フォルテ	強く
ff	フォルティッシモ	とても強く

記号	読み方	意　味
cresc.	クレッシェンド	だんだん強く
dim.	ディミヌエンド	だんだん弱く
sf / sfz	スフォルツァンド	（その音を）特に強く

記号	読み方	意　味
‖: :‖	リピート	繰り返す
D.C.	ダ・カーポ	始めに戻る
Fine	フィーネ	終わる
D.S.	ダル・セーニョ	セーニョへ戻る
𝄋	セーニョ	

〔2〕次の楽譜の演奏順を記号で答えましょう。

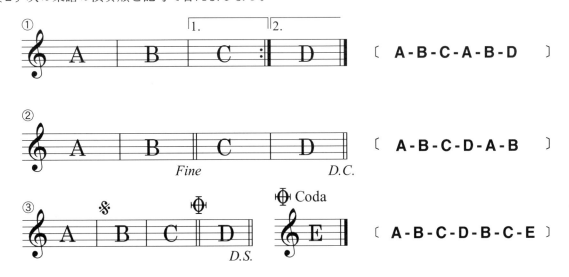

① 〔 A - B - C - A - B - D 〕

② 〔 A - B - C - D - A - B 〕

③ 〔 A - B - C - D - B - C - E 〕

第5章のまとめの問題　解答

〔1〕次の音程を答えましょう。

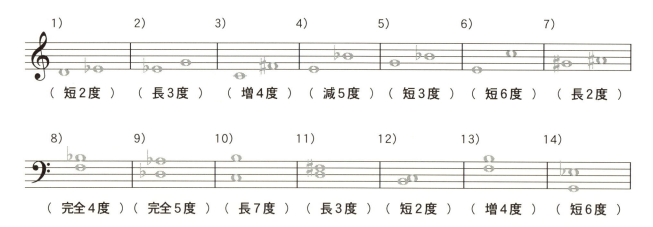

〔2〕次に示された2つの音が、指示された音程になるように（　）に変化記号を書きましょう。

〔3〕次に示された音の上に、指示された音程の音を書きましょう。

第6章のまとめの問題　解答

〔1〕次に示す長調の音階を調号を用いて書きましょう。

〔2〕次に示す短調の音階を調号を用いて、必要があれば臨時記号を用いて書きましょう。

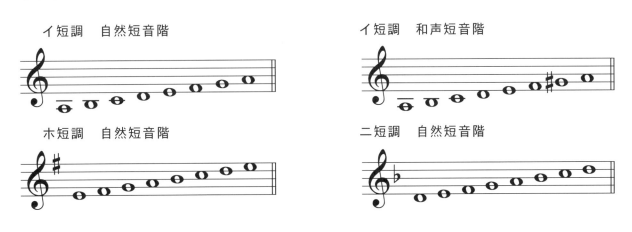

〔3〕次の曲の題名を下から選んで〔　〕に、調名を（　）に書きましょう。

題名：うみ、かえるのうた、きらきら星、ぞうさん、おつかいありさん、荒城の月、うれしいひなまつり

調名：イ短調、ト長調、ハ長調、ヘ長調、ホ短調、ニ長調、ハ短調

① 〔　ぞうさん　〕（ヘ長）調

② 〔　荒城の月　〕（イ短）調

③〔きらきら星〕（ハ長）調

④〔おつかいありさん〕（ニ長）調

⑤〔うれしいひなまつり〕（ハ短）調

⑥〔うみ〕（ト長）調

〔4〕次の調号をもつ長調の調名を（　）に、主音を五線に書きましょう。

（ヘ）長調　　（ト）長調　　（ニ）長調　　（変ロ）長調　　（変ホ）長調

〔5〕次の調号をもつ短調の調名を（　）に、主音を五線に書きましょう。

（イ）短調　　（ニ）短調　　（ト）短調　　（ホ）短調　　（ハ）短調

第7章のまとめの問題　解答

〔1〕次の音を根音とした長三和音、短三和音、減三和音、増三和音を書きましょう。

〔2〕次の音を根音とした属七の和音を書きましょう。

〔3〕〔　〕にはコードネームを、空白の小節にはコードネームで示された和音を書きましょう。

①〔 F 〕　②〔 G₇ 〕　③ Cm　　④〔 Dm 〕　⑤ E　　⑥ Am　　⑦〔 D₇ 〕

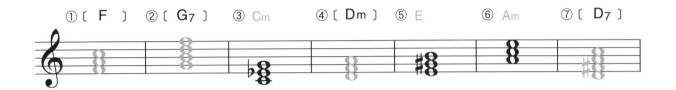

〔4〕次に示された調の調号と主要三和音を書きましょう。

〔5〕次の曲を読譜して、下の問題に答えましょう。

1．この曲は何拍子ですか。‥‥（ 4 ）分の（ 2 ）拍子

2．この曲に合う和音を以下から選んで、番号を上の楽譜の〔　　〕に書きましょう。

コード表

※異名同音は比較的よく使われる調を表記しています。
また、𝄪と♭♭は異名同音に置き換えて表記しています。
Cdim は Cm-5、Cdim7 は Cdim と表記する場合もあります。

曲名索引

ア
- アイアイ …………………………… 95
- 朝のうた …………………………… 83
- あめふりくまのこ ………………… 90
- アルプス一万尺 …………………… 97
- うさぎ ……………………………… 52
- うみ …………………………… 20, 93
- うれしいひなまつり ……………… 86
- 大きな栗の木の下で ……………… 88
- おかえりのうた …………………… 83
- おかたづけ ………………………… 83
- おせんべやけたかな ……………… 50
- おつかいありさん ………………… 99
- おばけなんてないさ ……………… 84
- おべんとう ………………………… 83
- 思い出のアルバム ………………… 82

カ
- かえるの合唱 …………………… 79, 88
- きらきら星 …………………… 20, 100
- げんこつやまのたぬきさん … 51, 86
- こぎつね …………………………… 96
- こぶたぬきつねこ ………………… 99

サ
- さくら さくら …………………… 52
- しあわせならてをたたこう ……… 98
- ジェンカ …………………………… 85
- 世界中のこどもたちが …………… 84
- ぞうさん ……………………… 81, 89

タ
- たきび ……………………………… 94
- たなばたさま ………………… 80, 93
- ちいさいあきみつけた …………… 86
- 茶色のこびん ……………………… 66
- ちゃちゃつぼ ちゃつぼ ………… 50
- チューリップ ……………………… 89
- ちょうちょう ………………… 87, 103
- てをたたきましょう ……………… 92
- 時計のうた ………………………… 89
- どんぐりころころ ………………… 80
- とんとんとんとんひげじいさん … 88

ナ
- にじ ………………………………… 85

ハ
- はたけのポルカ …………………… 98
- ピクニック ………………………… 82
- ひらいたひらいた ………………… 51
- ふしぎなポケット ………………… 97
- ぶんぶんぶん ……………………… 92

マ
- まっかな秋 ………………………… 90
- まつぼっくり ……………………… 81
- みつばちのマーチ ………………… 80
- むすんでひらいて ………………… 79
- メリーさんのひつじ ……………… 91

ヤ
- やきいもグーチーパー …………… 92
- ゆうやけこやけ …………………… 50
- 夕やけ小やけ ……………………… 95

ラ
- ロンドン橋 …………………… 20, 88

【著者略歴】

楠 井 淳 子　KUSUI Junko

大阪音楽大学音楽学部作曲学科卒業。同大学院修士課程作曲専攻修了。
現在、大阪成蹊短期大学准教授。

JCOPY 〈(社)出版者著作権管理機構 委託出版物〉

本書の無断複写（電子化を含む）は著作権法上での例外を除き禁じられています。本書をコピーされる場合は、そのつど事前に(社)出版者著作権管理機構（電話 03-5244-5088、FAX 03-5244-5089、e-mail: info@jcopy.or.jp）の許諾を得てください。
また本書を代行業者等の第三者に依頼してスキャンやデジタル化することは、たとえ個人や家庭内での利用であっても著作権法上認められておりません。

保育士、幼稚園教諭を目指す人たちのための
音楽の基礎と表現
〜楽典とソルフェージュ〜
改訂版

2015 年 4 月 1 日	初版発行
2018 年 2 月 10 日	改訂版発行
2020 年 3 月 10 日	改訂版 2 刷発行
2021 年 9 月 10 日	改訂版 3 刷発行
2023 年 3 月 15 日	改訂版 4 刷発行

著　　者　楠井 淳子

発　　行　ふくろう出版
〒700-0035　岡山市北区高柳西町 1-23
　　　　　　友野印刷ビル
TEL：086-255-2181
FAX：086-255-6324
http://www.296.jp
e-mail：info@296.jp
振替　01310-8-95147

JASRAC(出)1714438-304
楽譜浄書・制作　株式会社福田楽譜
印刷・製本　友野印刷株式会社

ISBN978-4-86186-705-7　C3073　ⒸKUSUI Junko 2018
定価はカバーに表示してあります。乱丁・落丁はお取り替えいたします。